KAM ODIN–WODAN AUS DEM OSTEN?

Britta Verhagen

Kam Odin–Wodan aus dem Osten?

Zur Religion der germanischen Frühzeit

GRABERT – VERLAG – TÜBINGEN

Druck: Deile, Tübingen
Satz: Grabert-Verlag, Tübingen
Umschlaggestaltung: Creativ GmbH, Stuttgart

Umschlagmotiv: Prunkkamm eines Fürsten
aus dem Grab des Solocha-Kurgans
mit kämpfenden Skythen (4. Jh. v. Chr.)

Die Deutsche Bibliothek – CIP-Einheitsaufnahme

Verhagen, Britta:

Kam Odin–Wodan aus dem Osten? : Zur Religion
der germanischen Frühzeit / Britta Verhagen. –
Tübingen, 1994
ISBN 3-87847–135-1

1994 by Grabert-Verlag
Postfach 1629, D-72006 Tübingen

Inhaltsverzeichnis

1.

Die Nachricht des Snorri Sturluson

Die Frage: Woher und wann ist der oberste Gott der Germanen, der in Skandinavien Odin beziehungsweise Oden, in Deutschland Wodan, Wotan, Wode, Wuote hieß, in den Norden gelangt?, beschäftigt seit der Mitte des vorigen Jahrhunderts immer wieder Gelehrte wie an Germanenfragen interessierte Laien und hat auch bis heute weder Ruhe noch eine endgültige Lösung gefunden. Diese rätselhafte, vielschichtige, gleichermaßen Schrecken erregende wie faszinierende Gottgestalt mit der ihr zugeordneten sehr urtümlichen Mystik regt von vornherein den Forschenden dazu an, ihrem Wesen und ihrer Herkunft nachzuspüren. Wir kennen den Gott in der Hauptsache aus den beiden *Edden*, den Sammelwerken vorchristlicher Überlieferungen, die auf Island im 12. und 13. Jahrhundert n. Chr. aufgezeichnet wurden, sowie aus nordischen und deutschen Sagen und Liedern und den Nachrichten römischer Schriftsteller. Über nur wenige Göttergestalten der vorchristlichen Zeit liegt ein so reiches Überlieferungsmaterial vor, aber kaum eine ist auch so rätselhaft geblieben und soviel umrätselt worden wie Odin-Wodan.

Über seine Herkunft ist ebenfalls viel geschrieben worden. Die erste uns zugängliche Nachricht darüber verdanken wir dem isländischen Gelehrten und Geschichtsschreiber Snorri Sturluson (1178-1241), der seinen beiden Hauptwerken, *Der Geschichte der norwegischen Könige*, genannt *Heimskringla* (nach dem ersten Wort der Handschrift) und der sogenannten *Prosa-Edda*, eine längere Abhandlung über Wesen und Herkunft Odins vorangestellt hat. Sie ist in euhemeristischer Art abgefaßt, das heißt, der Gott wird hier als Vorzeithäuptling, als historische Persönlichkeit gesehen und dargestellt, wobei der Verfasser allerdings in einige Schwierigkeiten gerät, da dieser Odin Dinge tut und Eigenschaften besitzt, die bei einem Menschen wenig glaubhaft wirken. Die Angabe, er sei ein Zauberer gewesen, reicht kaum aus, all das Erstaunliche, das von ihm berichtet wird, zu erklären.

Trotzdem haben aber viele von denen, die über Odin schrieben, Snorris Euhemerismus ernst genommen. Nachdem Snorris Werke im 19. Jahrhundert auch außerhalb Skandinaviens bekannt wurden, begann der eine oder andere Forscher oder Schriftsteller die These vom Heerführer Odin aufzunehmen, wohl als erster der Verfasser (wahrscheinlich Cornelis over de Linden) der angeblich uralten friesischen *Ura-Linda-Chronik* (*Oura-Linda-buck*), der den bösen Heerführer Wodin im Reiche des »Magi«, dem Lande der Finnen und Magyaren, Siege erfechten läßt. Viele haben sich angeschlossen. Es ist erstaunlich, was alles dieser schon bei Tacitus und anderen römischen

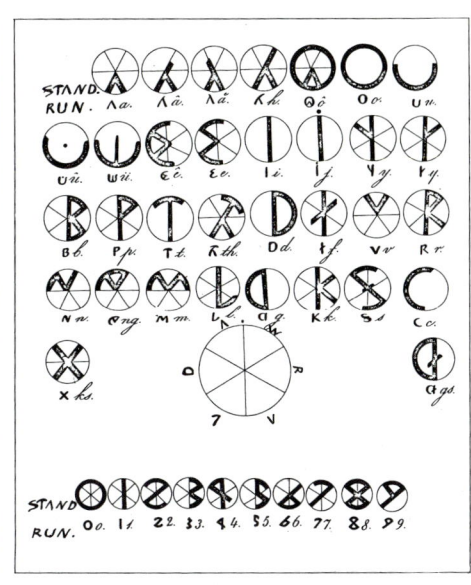

Geschichtsschreibern der Zeitwende bekannte Gott gewesen sein soll: zum Beispiel ein »palmyrischer Scheich«, Statthalter des oströmischen Kaisers, der 266/67 n. Chr. in Kleinasien ermordet wurde, ferner ein römischer Feldherr, der gegen Arminius kämpfte, ja sogar Varus in Person. Aus Vorderasien soll er gekommen sein, aus Gallien, aus Italien, aus »Alt-Troja«, aus Sibirien. Bei einigen durchaus ernst zu nehmenden Forschern tritt er als Heerführer oder auch als Gott der Schnurkeramiker-Streitaxt-Leute auf, die gegen Ende des 3. Jahrtausends v. Chr. aus den asiatischen Steppen nach Europa und besonders nach dem Norden Europas vorgedrungen sein sollen. Die verschiedensten Zeiten zwischen dem dritten Jahrtau-

Links oben: Seite aus dem Manuskript »Ora Linda«. Rechts: Studie von J.G. Ottema zur Schrift. Die Buchstaben sind offenbar von einem sechsspeichigen Rad abgeleitet worden. H. Wirth hielt übrigens das Manuskript für authentisch.

9

send vor und dem vierten Jahrhundert nach Christi Geburt sind für seine Ankunft im Norden in Anspruch genommen worden. Mehrere der besten Kenner der Materie, wie J.W. Hauer, De Vries, Neckel, haben ihn als »einheimisch« im Norden – mindestens seit der Jungsteinzeit – betrachtet. Der Schweizer Religionswissenschaftler Martin Ninck, dessen hervorragendes Werk *Wodan und germanischer Schicksalsglaube* (1935) wohl die bis heute bedeutendste, umfassendste und beste Charakterisierung dieser Gottgestalt gegeben hat, nennt Odin-Wodan »eine Schöpfung der Germanen«.

Mir scheint, daß der Versuch, in diesen Wust von Meinungen und Vermutungen etwas Klarheit zu bringen, sich lohnen dürfte. Um diese zu gewinnen, müssen wir also zunächst einmal die einzige altüberlieferte Nachricht betrachten, die wir in dieser Sache besitzen, nämlich die Snorri Sturlusons.

Somit gebe ich hier den Text in der Übersetzung von Felix Niedner (*Thule 14*) wieder, wie er die Einleitung zur *Heimskringla* des Snorri Sturluson bildet (Zusätze in Klammern von mir, folgend den Anmerkungen Niedners in der *Heimskringla*):

»Der Weltkreis, den das Menschenvolk bewohnt, ist durch Meerbuchten mannigfach gegliedert. Bekanntlich erstreckt sich vom Njörvasund (Straße von Gibraltar) ein Meer bis zum Heiligen Lande (wörtlich Jerusalems-Land). Von diesem Meer (dem Mittelmeer) geht eine Bucht bis nach Nordosten. Diese heißt das Schwarze Meer, und sie scheidet zwei Erdteile. Der östliche heißt Asien, den westlichen nennt man bald Europa, bald Enea. Aber nördlich vom Schwarzen Meer erstreckt sich Großschweden (Rußland, damals von den schwedischen Warägern beherrscht) oder Kaltschweden. . . Der nördliche Teil Großschwedens ist unbevölkert wegen des Frostes und der Kälte, wie der südliche Teil des Mohrenlandes öde ist durch den Sonnenbrand. Weit ausgedehnte Landschaften sind in (Groß-)Schweden und Völker mancher Art mit vielerlei Sprachen. Dort gibt es Riesen und Zwerge, ja auch Mohren. Es wohnt da Volks verschiedener und wunderlicher Art, auch wilde Tiere gibt es dort und Drachen von fürchterlicher Größe. Aus dem äußersten Norden aber, von den Bergen, die jenseits jedes bewohnten Landes liegen, ergießt sich ein Strom über (Groß-)Schweden hin, dessen rechter Name Tanais (Don) ist. Vordem aber nannte man ihn Tanakwisl oder auch Vanen-Kwisl (Kwisl = Flußarm oder -Mündung). Der strömt zum Ozean durch das Schwarze Meer. Das Land zwischen den Don-Mündungen nannte man Vanenland oder Vanenheim. Dieser Strom trennt die beiden Erdteile, der östliche heißt Asien, der westliche Europa.«

Der Bericht fährt fort: »Das Land in Asien östlich vom Tanakwisl nannte man Asenland oder Asenheim, und die Hauptstadt des Landes hieß Asgard. In der Burg aber lebte ein Häuptling namens Odin. Dort war eine große Opferstätte. Es war dort Brauch, daß zwölf Opferpriester als oberste Goden galten. Sie hatten die Opfer zu leiten und unter den Männern Recht zu sprechen. Man nannte sie ›Diar‹ oder ›Drottnar‹. Ihnen mußte alles Volk Dienste und Verehrung erweisen.

11

Odin war ein großer Kriegsmann und wanderte weit umher. Er war so siegreich, daß er in jedem Kampfe die Oberhand gewann. Daher kam es, daß die Menschen glaubten, er müsse seiner Natur nach in jeder Schlacht den Sieg gewinnen.«

Im folgenden wird einiges über Odins Verhältnis zu seinen Gefolgsleuten berichtet, und dann folgt die Geschichte von Odins langer Abwesenheit, während deren er seine Brüder Vili und Ve als Regenten eingesetzt hatte, eine kurze Erzählung, die sicher auf irgendeine Mythe zurückgeht, die für uns verloren ist.

Dann heißt es weiter: »Odin zog mit einem Heer gegen die Vanen, aber die waren wohl gerüstet und verteidigten ihr Land, und so siegte bald dieser, bald jener. Beide verheerten des anderen Land und fügten sich gegenseitig Schaden zu. Aber als ihnen beiden der Streit über wurde, verabredeten sie untereinander eine Zusammenkunft zur Versöhnung. Sie schlossen einen Friedensvertrag und stellten sich gegenseitig Geiseln. Die Vanen gaben ihre vornehmsten Männer heraus, Njörd, den Reichen, und seinen Sohn Frey, die Asen dagegen einen Mann namens Hönir. Sie sagten, der schicke sich sehr wohl zum Häuptling. Er war ein großer und sehr schöner Mann. Mit ihm sandten die Asen den Mimir, einen sehr weisen Mann. Und die Vanen stellten dafür den Klügsten aus ihrer Schar, der Kwasir hieß. Als aber Hönir nach Vanenheim kam, machte man ihn dort sogleich zum Häuptling, Mimir aber beriet ihn in allem. War aber Hönir auf einem Thing oder in einer Versammlung, antwortete er, wenn schwierige Fälle vor ihn kamen, immer in der gleichen Art. »Andere mögen entscheiden«, sagte er dann. Da argwöhnten die Vanen, die Asen möchten sie bei dem Männeraustausch hintergangen haben. Sie ergriffen daher Mimir, schlugen ihm den Kopf ab und sandten das Haupt den Asen. Odin nahm das Haupt, bestrich es mit solchen Kräutern, daß es nicht faulen konnte, sprach Zaubersprüche darüber und verlieh ihm dadurch solche Macht, daß es zu ihm redete und ihm manche verborgenen Dinge verriet.

Odin machte Njörd und Frey zu Tempelpriestern, und sie wurden »Diar« unter dem Volk der Asen. Die Tochter des Njörd hieß Freyja. Sie war Tempelpriesterin. Sie lehrte zuerst die Asen den Zauber, wie er bei den Vanen üblich war. Solange Njörd bei den Vanen war, hatte er seine Schwester zur Frau gehabt, denn dort war dies so rechtens, und ihre Kinder hießen Frey und Freyja. Aber unter den Asen war es verboten, in so nahe Verwandtschaft zu heiraten.«

In Kapitel 5 von Snorris Bericht folgen dann die Sätze, die für unser Thema von besonderer Bedeutung sind:

»Ein hoher Bergwall (Kaukasus) zieht sich von Nordosten nach Südwesten, der Großschweden (Rußland) von anderen Reichen scheidet. Südlich des Gebirges ist es nicht weit bis zum Türkenlande. Dort hatte Odin große Besitzungen (wohl nicht im Türkenlande, sondern am Kaukasus). In jener Zeit zogen die Römerhäuptlinge weit in der Welt umher und unterwarfen sich alle Völker. Viele Häuptlinge aber flüchteten vor diesen Kriegsunruhen von ihren Besitzungen. Da aber Odin zukunfts- und zauberkundig war,

13

wußte er, daß seine Nachkommen im nördlichen Teil der Erde herrschen würden. Da setzte er seine Brüder Ve und Vili über Asgard, und er zog fort mit allen Diar und vielem anderen Männervolk. Zuerst zog er westwärts nach Rußland und dann südwärts nach Sachsenland (Norddeutschland). Er hatte viele Söhne. Er eroberte Reiche weithin im Sachsenland und setzte dort seine Söhne zum Schutz der Länder ein. Dann zog er nordwärts zur See und nahm seinen Wohnsitz auf einer Insel. Der Ort heißt jetzt Odensee auf Fünen. Dann sandte er die Gefion (Gabe. Im Asenkreis erscheint sie als Göttin) über den Sund aus, um neues Land zu suchen.«

Es folgt die Sage von Gefion, die sich von dem schwedischen König Gylfi Pflugland versprechen läßt und mit ihren vier in Ochsen verwandelten Söhnen die ganze Insel Seeland aus dem Meer herauspflügt. »Dies Land nannte man Seeland, und dort lebte sie fortan. Skjöld, der Sohn Odins, nahm sie zum Weibe, und sie wirtschafteten dann in Leire (das alte Hleithra, das bereits in der Bronzezeit Sitz der dänischen Könige war. Die Skjöldunge führten wie die schwedischen Könige ihren Stammbaum auf Odin zurück). Als aber Odin hörte, daß im Osten bei Gylfi Gelegenheit zum Landerwerb sei, zog er dorthin, und sie machten Frieden untereinander, denn Gylfi fühlte sich nicht stark genug zum Widerstand gegen die Asen. Odin und Gylfi trieben miteinander viel Spuk und Zauberkünste, doch behielten die Asen darin immer die Oberhand. Odin nahm seinen Wohnsitz am Mälarsee, an der Stätte, die jetzt Altsigtuna heißt. Er

Eine Illustration aus der Edda des Snorri Sturluson aus dem 14. Jahrhundert. Sie zeigt den legendären Schwedenkönig Gylfi, verkleidet als müder Wanderer, wie er Odin über den Ursprung der Welt befragt. Odin ist übrigens in dreifacher Gestalt als Trinität dargestellt. (aus:M. Magnusson, »Die Wikinger«)

errichtete dort einen großen Tempel und setzte Blutopfer ein nach der Sitte der Asen. Er nahm Besitz von dem ganzen Lande, das er Sigtuna nennen ließ. Er gab den Tempelpriestern Wohnsitze. Njörd wohnte in Noatun und Frey in Upsala, Heimdal in Himinbjörg, Thor in Thrudwang, Baldr in Breidablik. Ihnen allen gab er gute Wohnstätten.«

Es folgen drei Kapitel über »Odins Fertigkeiten«, seine »Zauberkünste« und über seine »Gesetzgebung«. »Als der Asen-Odin mit den Diar in das Nordland kam, wird als wahr versichert, daß sie zuerst die Künste und Fertigkeiten ins Land brachten und lehrten, die die Menschen später ausübten. Odin war der vornehmste von allen, und von ihm lernten sie alle Künste und Fertigkeiten, denn er war der erste, der sie kannte, und überdies mehr als die anderen. Es muß auch erwähnt werden: daß er so hoch geehrt wurde, das lag daran: er war so schön und edel von Ansehn, wenn er unter seinen Freunden saß, daß jedermann das Herz im Leibe lachte. War er aber auf dem Kriegszug, dann erschien er seinen Feinden ganz furchtbar.«

Nun werden die »Fertigkeiten« aufgezählt: Die Kunst, Aussehen und Gestalt nach Belieben zu wechseln, die überzeugende Weise zu reden – »er sprach alles in Reimen, wie dies noch jetzt in der Kunst geschieht, die man Skaldendichtung nennt. Odin und seine Tempelpriester hießen Liederschmiede, weil diese Kunst des Dichtens von ihnen in den Nordlanden ausging.« Odin konnte in der Schlacht seine Feinde blind und taub machen, »ihre Waffen schnitten dann nicht mehr als Ruten. Seine eigenen Mannen gingen ohne Brünnen, und sie waren wild wie Hunde oder Wölfe. Sie bissen in ihre Schilde und waren stark wie Bären oder Stiere. Sie erschlugen das Menschenvolk, und weder Feuer noch Stahl konnte ihnen etwas anhaben. Man nannte dies ›Berserkergang‹«.

Zu den »Zauberkünsten« gehört die Fähigkeit, sich in einen Vogel, ein wildes Tier usw. zu verwandeln,

16

während der Körper wie schlafend daliegt, und die »Ausfahrt«, die ihn in einem Augenblick in fremde Länder brachte, ferner die Kunst, durch Worte allein das Feuer zu löschen oder die See zu beruhigen und die Winde zu »drehen, nach welcher Seite er wollte«. Sein Schiff Skidbladnir konnte er zusammenfalten wie ein Tuch. Er ließ sich von Mimirs Haupt, das er (einbalsamiert) stets bei sich trug, beraten, weckte tote Männer aus der Erde auf und setzte sich – als »Herr der Geister und Gehenkten« – unter den Gehenkten nieder. Seine zwei Raben »flogen weit über die Erde« und erzählten manche Botschaften. »Alle diese Künste lehrte er durch Runen und solche Lieder, die man ›Zauberweisen‹ nannte. Deshalb hießen die Asen auch ›Zauberschmiede‹.« Odin konnte »noch nicht eingetretene Ereignisse voraussagen« und »Unheil und Krankheit bescheren«. Er wußte von allen vergrabenen Schätzen und kannte Lieder, durch die die Erde sich vor ihm öffnete.

»Durch alle diese Künste wurde Odin sehr berühmt. Seine Feinde fürchteten ihn, aber seine Freunde vertrauten fest auf seine Zauberkraft und ihn selber. Die meisten seiner Künste aber lehrte er den Opferpriestern, und sie kamen ihm in Weisheit und Zauberkünsten am nächsten. Doch bekamen auch manche andere in alldem Erfahrung, und so breitete sich die Zauberei weithin aus und wurde lange geübt. Aber dem Odin und diesen zwölf Häuptlingen opferten die Menschen, und sie nannten sie ihre Götter und glaubten noch lange nachher an sie.«

Über Odins Gesetzgebung heißt es: Er bestimmte,

daß die Toten verbrannt wurden und daß all ihre bewegliche Habe mit auf den Scheiterhaufen gelegt werden sollte. »Über vornehmen Männer sollte ein Grabhügel errichtet werden zu ihrem Gedächtnis. Aber zur Erinnerung an besonders namhafte Männer sollte man Bautasteine errichten. Und dieser Brauch erhielt sich noch lange nachher. Geopfert werden sollte gegen die Winterszeit für ein gutes Jahr und im Mittwinter für das Frühjahrswachstum. Das dritte Jahresopfer aber im Sommer galt dem Sieg. In ganz Schweden zahlte man dem Odin Abgaben, jedermann einen Pfennig. Er aber mußte das Land gegen Krieg schützen und für das Volk um ein glückliches Jahr opfern.« Zuletzt wird berichtet, daß Skadi, die Frau Njörds, sich später mit Odin vermählte und daß auf einen ihrer Söhne mit Namen Suming Jarl Hakon, der Mächtige, die Reihe seiner Ahnen zurückgeführt habe. Schweden hieß nun »Manheimr« (Menschenheim), Großschweden (Rußland) aber »Asaheimr« (Götterheim). »Aus Götterheim aber erzählt man manche wunderbare Geschichte«, so schließt dieses Kapitel etwas unvermittelt.

Es folgt Odins Tod. »Odin starb in seinem Bett in Schweden, und da er im Sterben lag, ließ er sich mit der Spitze eines Speers zeichnen und erklärte alle Männer für sein eigen, die in ihren Waffen stürben. Er sagte, er führe nach Götterheim und würde dort seine Freunde bewillkommnen. Die Schweden meinten nun, er sei nach Alt-Asgard gekommen und lebe nun dort für immer. Da begann man aufs neue an Odin zu glauben und seinen Namen anzurufen. Oft meinten die Schweden, er offenbare sich ihnen, bevor große Kämpfe stattfanden. Einigen verlieh er dann den Sieg, andere entbot er zu sich nach Asgard (steht hier für Walhall), und beides schien ein glückliches Los.

Odin wurde nach seinem Tode verbrannt, und diese Verbrennung fand statt mit großer Pracht. Damals herrschte der Glaube, daß, je höher der Rauch in die Luft steige, um so mehr würde der Verbrannte auch im Himmel erhöht, und er würde dort um so reicher, je mehr fahrende Habe mit ihm verbrannt würde.«

Die weitere Erzählung beschäftigt sich mit Odins Nachfolgern als »Alleinherrschern in Schweden«, Njörd und Frey. Es sind also die Vanen, die nun Schweden beherrschen und zu deren Lebzeiten »ein wundersamer Friede herrschte, und es kamen Jahre von solcher Fruchtbarkeit, daß die Schweden glaubten, Njörd veranlasse die Fruchtbarkeit und den Reichtum der Menschen«. »Frey war allbeliebt und an Glücksjahren reich wie sein Vater. Frey errichtete einen großen Tempel in Upsala. Dorthin verlegte er auch seine Hauptstadt und ließ in diese seine Einkünfte aus Land und losen Gütern fließen. Damals begann der ›Reichtum von Upsala‹, der seitdem immer anhielt. Zu seiner Zeit fing der Frodi - Friede an (Frodi = einer der frühen, halbmythischen Könige der Dänen). Und damals gab es auch fruchtbare Jahre durch alle Lande. Das alles führten die Schweden auf Frey zurück, und deswegen verehrte man ihn mehr als die anderen Götter (!), weil zu seiner Zeit das Volk im Lande reicher wurde als je zuvor... Ein anderer Name Freys war

19

Yngvi. Der Name Yngvi wurde noch lange danach in seinem Geschlecht als Ehrenname gebraucht, und seine Nachkommen nannten sich später danach Ynglinge.«

Nach einer kurzen Erwähnung der angeblich noch nach Freys Tod erfolgten Herrschaft seiner Schwester Freyja bildet die Geschichte des Ynglingen-Geschlechtes den Inhalt der folgenden Kapitel. Snorri ist nun bemüht, alles, was er über den Lebenslauf dieser im Nebel halb märchenhafter Erinnerungen verschwimmenden, frühen Könige Schwedens in Erfahrung bringen konnte, zu einer genealogischen Reihe zusammenzustellen, um dann auf die norwegischen Könige seiner Zeit, deren Geschichte er schreiben wollte, überzuleiten. Von nun an sind die Asen Götter, Asenheim ist Walhall, der Euhemerimus ist vergessen, wir befinden uns in der Welt jener sicheren Trennung von Mythos und Realität, wie sie die Darstellungen Snorris in seiner *Edda* (Poetik) zeigen.

2.
Woher stammt die Nachricht von der Herkunft Odins und der Asen?

Daß der Snorri-Bericht – auch in Einzelheiten – etliche Rätsel aufgibt, die wohl kaum alle lösbar sind, ist deutlich. Wichtig ist vor allem herauszufinden, inwieweit die Nachricht von der Herkunft der Asen aus einer Gegend am Don (Tanais) und von ihrem Weg über Rußland nach Norddeutschland, Dänemark und Schweden ernst zu nehmen ist.

Gerade die besten Kenner der germanischen Götterwelt und speziell der Göttergestalt des Odin-Wodan haben dem Snorri-Bericht jeden Wahrheitsgehalt abgesprochen, und zwar mit der Begründung, Snorri habe den Namen der Asen fälschlich mit dem Erdteil Asien in Verbindung gebracht und sei so zu der irrtümlichen Vorstellung gelangt, die Asen stammten aus Asien.

J.W. Hauer schreibt in *Urkunden und Gestalten der germanisch-deutschen Glaubensgeschichte*: »Es gibt gewichtige Vertreter der Germanistik, die ihn (Odin) sogar als fremden, etwa aus Asien eingeführten Gott, oder auf alle Fälle als eine auf tiefe Stufen der Entwicklung hinuntergesunkene Gestalt ansehen wollen. Dilettanten, die sich an diesem Kampf beteiligen, können sich dabei sogar auf Snorri berufen, der, durch das Wort ›Asen‹ verführt, Odin in seiner euhemeristischen Erklärung aus Asien kommen läßt. Diese Erklärung hat keinen wissenschaftlichen Wert.«[1]

Und Martin Ninck sagt in *Wodan und germanischer Schicksalsglaube*: »Aus dem Gleichklang der Namen schloß Snorri, daß die Asengötter aus Asien stammten und dort ihre Burg Asgard gestanden habe.«[2] Auch Ninck kommt nicht auf den Gedanken, der Nachricht einen realen Wert beizumessen.

Nun ist es aber doch nicht recht denkbar, daß eine so umfangreiche Darstellung mit solch teilweise doch exakten geographischen Angaben einzig aus einer Namensverwechslung beziehungsweise aus dem Gleichklang eines Worts mit einem anderen entstanden sein könnte. Müßte da nicht mehr dahinterstekken?

Zunächst dürfte es wichtig sein, sich mit dem Verfasser (oder Übermittler) des Berichtes zu befassen.

Der Isländer Snorri (oder Snorre) Sturluson, den Ninck den »großen Staatsmann, Geschichtsschreiber, Skalden und Mythographen« nennt, lebte von seinem vierten bis zu seinem zwanzigsten Lebensjahr auf dem Hof Oddi in Südisland als Pflegesohn des Jon Loptson. Dieser war ein Enkel des berühmten Gelehrten Saemund (1056–1133), dem die Niederschrift der *Liederedda*, des Sammelwerks altnordischer Lieder und Sprüche, zugeschrieben wird. Der Hof Oddi war die Heimstätte isländischer Gelehrsamkeit und Vorzeitkunde. Wahrscheinlich bestand dort schon seit langem eine Skaldenschule, in der den jungen Skalden der Vortrag der überlieferten Lieder gelehrt wurde. Für sie schrieb Snorri seine *Poetik*.

Zu jener Zeit – im 12. und 13. Jahrhundert n. Chr. – durchlief ganz Europa eine Welle der Begeisterung für die Überlieferungen aus sagenhafter Vorzeit. In England, zunächst in den keltischen Gebieten des Westens, wurden die Lieder und Geschichten um König Artus und seine Tafelrunde allgemein vorgetragen und gesammelt und gelangten durch den Eifer der Königin Eleonora von Aquitanien nach Frankreich und zu den dortigen Troubadours, ebenso nach Flandern und von dort nach Deutschland, wo Wolfram von Eschenbachs *Parzival* Berühmtheit erlangte. Die deutschen Lieder um Dietrich von Bern und die Nibelungen wurden in Skandinavien zur *Thidrekssaga* verarbeitet und weit verbreitet. Diese Welle erreichte sehr schnell auch das ferne Island. Die dortigen Gelehrten waren mit der europäischen Entwicklung eng verbunden. Sie waren weitgereiste Leute, Saemund hatte in Paris studiert und anschließend große Reisen unternommen. Bei ihnen in Island war das Vorzeitwissen aus heidnischer Überlieferung immer erhalten geblieben. Nun wurde das bisher mündlich Weitergereichte aufgeschrieben, um es auch ferneren Nachlebenden zu erhalten. Snorri war der eifrigste Sammler alles dessen, was sich noch in den Ländern des Nordens an mythischer Überlieferung finden ließ. Er sah, daß hier schon manches am Verblassen war, daß Teile der Lieder und Erzählungen bereits verlorengegangen waren und einzelnes unverstanden weitergegeben wurde, da der heidnische Kult, für den die meisten der Lieder geschaffen worden waren, nicht mehr geübt wurde. So suchte er zu retten, was immer er noch zusammentragen konnte. In seinem Lehrbuch für Skalden gab er diesen das ganze reiche Material als Inhalt ihres Vortrags mit auf den Weg, gab die Mythen in nüchterner Prosaform wieder, kommentierte sie auch gelegentlich, so daß sein Werk für uns heute eine wertvolle Ergänzung dessen bildet, was sich in der älteren *Liederedda* findet, und manches zu deren Verständnis beiträgt. Allerdings bleibt auch hier dies und jenes so dunkel, wie es wahrscheinlich bereits für Snorri war.

Es ist deutlich zu sehen, daß Snorri, der nüchterne Geschichtsschreiber und Mythograph, sich in allen seinen Werken bemüht, das Überlieferte, so exakt wie möglich seinen Quellen folgend, wiederzugeben. So ist es äußerst unwahrscheinlich, daß er eine so ausführliche Erzählung wie die von Odins Herkunft aus dem Don-Gebiet und seine Fahrt in die Länder des Nordwestens einfach erfunden haben könnte, nur weil ihn das Wort Asen an Asien erinnerte. Man erfand ja in jenen Zeiten überhaupt noch nichts, selbst Dichter und Sänger vom Range Wolfram von Eschenbachs mußten sich, wenn nur einmal ein klein wenig die Phantasie mit ihnen durchging, ausführlich entschuldigen und versichern, daß sie voll und ganz nur der »Märe« gefolgt seien und alles, was sie berichteten, nichts als die reine Wahrheit sei. Denn die Zuhörer wollten »Wahrheit«. Sie waren durchaus bereit, auch das Unglaubliche und Märchenhafte zu glauben, wenn man ihnen nur versicherte, daß alles wahr sei. Die kühlen und ziemlich nüchtern veranlagten Nordländer allerdings konnten schon recht gut zwischen mythischer und realer Erzählung unterscheiden. Selbst Snorri wußte genau, daß, was er von den Göttern berichtete, aus der religiösen Schau vergangener Zeit stammte.

Um so erstaunlicher wirkt sein Euhemerismus im Odin-Bericht, erstaunlich vor allem deswegen, weil er *nur hier* vorkommt. In allen anderen Werken Snorris wie auch in der *Liederedda* sind die Götter eben Götter, dem Christengott übrigens durchaus gleichgestellt. Snorri scheint Odin sogar mit dem »Gott im Himmel« identifiziert zu haben, wie der Anfang der *Gylfaginning* ausweist. Er denkt in allen seinen Werken – außer eben in diesem Bericht – nicht daran, Odin zum Menschen zu machen und als Vorzeithäuptling zu sehen.

J. W. Hauer schreibt: » Man nennt die Erklärungsweise Snorris Euhemerismus, weil sie von einem griechischen Philosophen Euhemerus aus dem 4./3. Jahrhundert vor Chr. stammt, der in einer Zeit der Aufklärung und des Verfalls der Mythen diesen einen Sinn bewahren wollte. Es ist dies ein Weg, die Liebe zu den alten Göttern zu retten.«[3]

Tatsächlich findet sich diese Erklärungsweise immer dort, wo einerseits der Intellekt die Existenz von Göttern bereits in Frage stellt, andererseits aber die geistige Reife, sie als *Bilder* zu sehen, noch nicht gewonnen wurde. Es sind dies immer die Zeiten der sterbenden Religiosität, in denen man aber von den

25

geliebten Gestalten nicht lassen möchte und sie darum zu alten Häuptlingen, Königen oder Heroen macht. Dies Stadium erreichten manche Gelehrte in Griechenland schon früh, dort findet sich der Euhemerismus in der klassischen Zeit recht häufig. So sagt Diodor von Sizilien zu dem Gott Uranos, den er zum Vorzeitkönig der »Atlanter« macht: »Sie (die Atlanter) erzählen, die Gestirne habe er sorgfältig beobachtet und vieles vorausgesagt, was am Himmel geschehen werde. . . Die Menge aber, unbekannt mit der ewigen Ordnung der Gestirne und voll Staunen über die richtig eingetroffenen Weissagungen, habe geglaubt, daß, wer solche Dinge lehre, göttlicher Natur sein müsse, und habe ihm, nachdem er von den Menschen geschieden war. . . unsterbliche Verehrung zuteil werden lassen.« Eine Erklärungsweise, die stark an die des Verfassers des Odin-Berichtes erinnert (S. 10 f.).

Aber auch in unseren Zeiten taucht diese Art des Erklärens mehrfach auf: Gerade Odin wird, wie schon gesagt, hauptsächlich von jenen »Dilettanten«, die Hauer erwähnt, als (meist böser) menschlicher Feldherr und Eroberer dargestellt.

Hauer und Ninck erklären beide Snorris Euhemerismus damit, daß er Christ war. Sie meinen, daß er darum eine zwiespältige Haltung den alten Göttern gegenüber gehabt habe. Auch der Gedanke, daß er sich fanatischen Christen gegenüber habe tarnen wollen, taucht bei anderen Beurteilern auf.

Das isländische Allthing hatte im Jahre 1000 n. Chr., durch rein äußere Gründe veranlaßt, das Christentum für Island angenommen; doch blieben Einschränkungen. Die alten Feste konnten von denen, die das wollten, gefeiert und die alten Götter verehrt werden, wenn damit nicht in die Öffentlichkeit gegangen wurde. So blieb praktisch der alte Glaube weiterhin bestehen und wurde in ganz selbstverständlicher Weise mit dem Christenglauben vermengt. Christlicher und heidnischer Brauch, christlicher und heidnischer Mythos bestanden nebeneinander oder ergänzten einander sogar. Der Stoßseufzer des norwegischen Königs, in Island halte man den Christenglauben nicht, wie man solle, bestand zu Recht. Diese Haltung war möglich, da Island sich seine Unabhängigkeit von Rom bewahrt hatte. Erst im 14. Jahrhundert verlor es diese in langen und schweren Kämpfen, deren Auftakt Snorris Ermordung gebildet hatte.

Snorri war ebenso wie vordem Saemund und dessen Vater Sigfus »Priester«; um zu den Gebildeten zu gehören, mußte man ja Geistlicher sein. Aber diese »Priester« Islands waren nur Nachfolger der alten »Goden«, sie waren wie jene Adelsbauern, die neben der Bewirtschaftung ihrer Höfe sich mit »Weisheit«, Rechtslehre und Vorzeitkunde befaßten und auf ihrem Grund und Boden Tempel beziehungsweise Eigenkirchen errichteten, in denen wohl nicht mehr geopfert, aber die Christen- und Heidengötter manchmal in schöner Gemeinsamkeit verehrt wurden (wie z. B. das isländische Besiedlungsbuch von Helgi dem Mageren sagt, daß er an Christus glaubt, aber bei schwierigen Unternehmungen Thor angerufen habe).

Snorri hatte also in jener Zeit nicht den geringsten Grund, sich tarnen zu müssen oder aus zwiespältigen

Gefühlen heraus die alten Götter zu Vorzeithelden umzufunktionieren. Sie waren, das ist deutlich, für ihn ebenso »Götter« wie der »Allvater, der Himmel und Erde geschaffen hat« und dem er unbefangen eine ganze Reihe von Odinsnamen zulegte. Wenige Seiten nach der euhemeristischen Einleitung fallen in der *Gylfaginning* die Worte, die fast wie ein kämpferisches Bekenntnis zum Odinsglauben klingen: »Und das ist mein Glaube, daß dieser Odin und seine Brüder die Regierer von Himmel und Erde sind. Wir glauben, daß dies sein Name ist. Es ist der Name des Größten und Vornehmsten, den wir kennen, und auch ihr könnt ihm wohl diesen Namen geben.« Wo bleibt da der Euhemerismus?

Die einzige Erklärung für diese Diskrepanz ist: Der Bericht stammt nicht von Snorri und ist von ihm nur übernommen worden. Dafür spricht auch, daß Snorri den Bericht zweimal bringt und ihn jeweils, abgesondert von seinem folgenden Werk, diesem voranstellt, sowohl der *Geschichte der norwegischen Könige* wie der *Gylfaginning* (»Gylfis Betörung«), mit der er seine Anweisung für Skalden beginnt. Der Bericht über Odins Herkunft ist auch der einzige Teil seines *mythologischen* Werkes, der Anspruch auf historische Gültigkeit erhebt, also eine ganz andere, reale Welt beschwört als die der religiös zu verstehenden Mythen.

Freilich kann er den Bericht nicht unverändert übernommen haben, dafür enthält dieser wiederum zuviel Mythos und oft seltsam anmutende, märchenhafte Überlieferung. Alles spricht dafür, daß Snorri in ein bereits bestehendes Manuskript mythische Partien, die ihm dorthin zu passen schienen, eingefügt hat, zum Beispiel die merkwürdige Geschichte vom Geiseltausch nach dem Vanenkrieg, die er natürlich in allen Einzelheiten aus den alten Liedern kannte, es wird ja sogar in dem bedeutendsten der *Edda*-Lieder, der *Völuspá*, einiges davon angedeutet. Ferner kommt da die Gefion-Episode in Frage und alles, was über Njörd und Skadi usw. in den späteren Abschnitten des Berichtes gesagt wird. Von Snorri stammen auch ohne Zweifel jene Stellen, in die Verse isländischer Dichter oder solche, die aus der *Liederedda* stammen, eingefügt sind, denn es entspricht Snorris Gepflogenheit – vor allem in der *Prosa-Edda* –, durch eingefügte Verszeilen das Gesagte zu unterstreichen. Alle diese Stellen wissen ja auch wenig oder nichts von Häuptlingen, Tempelpriestern und anderen Vermenschlichungen der Götter, sie sind in dieser Beziehung dem übrigen Text nur sehr oberflächlich angeglichen worden.

So können wir mit ziemlicher Sicherheit annehmen, daß Snorri den Bericht von der Herkunft Odins nicht selbst verfaßt, sondern nur überarbeitet und ihn den genannten beiden Werken vorangestellt hat. Er hielt ihn wohl für bedeutsam, vielleicht gerade darum, weil hier eine historische, nicht mythische Nachricht aus sehr alter Zeit vorlag.

Wie aber gelangte der Bericht in seine Hände? Da in den späteren Teilen der Erzählung immer nur von Schweden die Rede ist, sich alles, worüber berichtet wird, in Schweden abspielt und die Ahnenreihe der schwedischen Ynglingenherrscher sich anschließt, so liegt der Schluß nahe, daß der Bericht aus Schweden stammt, von einem Schweden verfaßt wurde und eine in Schweden noch lebendige Überlieferung enthält.

Er dürfte von einem Gelehrten niedergeschrieben sein, dafür sprechen die geographischen Kenntnisse des Verfassers. Schweden hatte damals die engsten Beziehungen zum Osten, die schwedischen Waräger beherrschten einen Teil des heutigen Rußlands (der hier »Groß-Schweden« genannt wird), schwedische Kaufleute zogen häufig bis Konstantinopel, und der oströmische Kaiser in Byzanz hatte durch lange Zeit eine schwedische Leibwache. Somit war man gerade in Schweden sehr gut über die geographischen Verhältnisse des Ostens und Südostens unterrichtet. Daß der Verfasser in Nordrußland Riesen und Zwerge, Mohren und sogar »Drachen von fürchterlicher Größe« vermutet, ist nicht verwunderlich, da diese Gebiete bis zum Eismeer noch durchaus unerforscht waren.

Überdies muß der Verfasser christlicher Priester gewesen sein wie Snorri selbst. Denn auch im spät (vollständig erst im Anfang des 12. Jahrhunderts) christianisierten Schweden waren die Gelehrten natürlich zu Priestern geweiht. Hier aber kann die religiöse Einstellung des Verfassers durchaus als Erklärung für den Euhemerismus herangezogen werden. *Nur* im absolut toleranten Island war ja eine Haltung den alten Göttern gegenüber, wie wir sie bei Snorri finden, möglich, nicht aber in den anderen Ländern Skandinaviens (auch der Geschichtsschreiber der Dänen, Saxo grammaticus, machte aus den Göttern

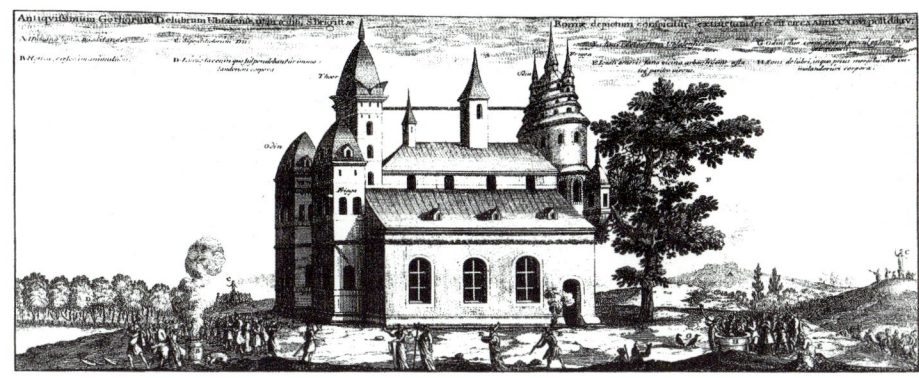

Baldr und Hödr Menschen der Vorzeit). Der Bericht zeigt auch deutlich, daß das Verständnis für die Tiefe der mythischen Überlieferung und ihren Symbolgehalt, das Snorri noch bis zu einem gewissen Grade besaß, hier völlig fehlt. Alles ist ins platt Vordergründige gezogen, es treten Mißverständnisse auf, wie sie gerade für einen Christen typisch sind, der die Überlieferung zwar erhalten will, sie aber nicht mehr versteht, so zum Beispiel bei den »Fertigkeiten« Odins. Hier herrscht manchmal eine Naivität, die dem klugen, viel bewanderten Snorri nicht zuzutrauen ist.

In Schweden scheint der Odins-Kult die allergrößte Bedeutung gehabt zu haben. Außer Frey wurde der Ekstasegott hier am meisten verehrt. Im Snorri-Bericht wird von der Errichtung des Tempels in Upsala erzählt. Sichtlich ist hier das Upsala nördlich des Mälarsees gemeint. Der berühmte Tempel dort wie das ganze Kultgebiet von Sigtuna spielten in der geschichtlichen Zeit eine große Rolle, so wird er auch hier als Wohnsitz Freys bezeichnet. Doch sind neuere

Der Tempel in Alt-Upsala, wie ihn sich E. Dahlbergh Anfang des 18. Jahrhunderts vorstellte. Jeder Turm ist einer bestimmten Gottheit geweiht; die beiden Vögel unter dem Baum sind Odins Raben. (aus: D.M. Wilson, »Kulturen im Norden«, München 1980)

31

schwedische Forscher der Meinung, daß in vorge-
schichtlicher Zeit das eigentliche Zentrum der Odins-
verehrung südlich des Väner-Sees gelegen habe[4].
Dort muß sich bereits in der Megalithzeit, also in den

*Die sogenann-
ten Königs-
hügel in Alt-
Upsala mit
Kirche (aus
Eric Graf
Oxenstierna,
»Die Nordger-
manen«).*

Jahrtausenden vor 2000 v. Chr., ein stark bevölkertes
Kultgebiet befunden haben. Der Großteil der schwedischen Megalithgräber findet sich dort auf ein enges
Gebiet zusammengedrängt – heute sind es noch 290
Ganggräber und zahlreiche Steinkisten. Dazu kommt
der mächtige Steinkreis von Askeberga, das großartig-
ste monolithische Vorzeitdenkmal des ganzen Nordens. Die spätere Zeit hat ihre Spuren in zahlreichen
eisenzeitlichen Grabhügeln hinterlassen. Und hier
wimmelt es nun geradezu von Odensnamen. Der
Tidan, der Fluß mit dem uralten indogermanischen
Namen (in der Sprache der Bronzezeitleute dürfte er

»Gottfluß« bedeutet haben), fließt in den Odensee, dort gibt es auch einen Quell mit Namen »Asgudbäck« (Asengott-Bach), einen »Odenskulk« (Odins-Hügel) und einen »Odensâsen« (Odins-Bergrücken) sowie »Odensängarna« (Odinswiesen) usw. Auch die Namen Frigg und Frö sind mehrfach vertreten. Und hier befindet sich auch das »Odens-Grav«, das Grab Odins. Es handelt sich um einen mächtigen Grabhügel, auf dessen Höhe nach der Christianisierung ein Kloster erbaut wurde (leider hat es bisher an Mitteln gefehlt, den Hügel auszugraben). Das dürfte wohl das Grab sein, in das nach Ansicht von Snorris schwedischem Gewährsmann Odins Asche versenkt wurde, nachdem er »in Schweden in seinem Bett« gestorben war – das heißt, er war nicht im Kriege gefallen. Laut anderen Nachrichten war er nach Norwegen gezogen und dann, alt und müde geworden, nach Schweden zurückgekehrt. All dies beweist, daß das euhemeristische Denken sich nicht auf Snorris Gewährsmann beschränkte, sondern in Schweden – mindestens in dem alten Kultgebiet am Vänern – durchaus verbreitet war.

Auch die Namen Upsala (Uppsala, auch Obsola – heute Üppsâla mit Betonung auf dem â gesprochen) und Sigtuna, die »Hoher Saal« und »Sieghain« bedeuten und Tempel- beziehungsweise Kultstätten-Namen sind, finden sich zahlreich in diesem Gebiet wie überhaupt im ganzen Norden und sogar im englischen Kent. Der »Hohe Saal«, der beim Mälarsee liegt, also viel nördlicher als das Kultgebiet im Väner-Bereich, erlangte erst im ersten Jahrtausend n. Chr.

33

seine Berühmtheit als Sitz der drei Götter Odin, Fricco (Frey) und Thor. Der »Wohnsitz«, den sich Odin erwählte, als er die »gute Gelegenheit zum Landerwerb bei Gylfi« ausnützte, dürfte also südlich des Vänersees gelegen haben.

Aus all dem ergibt sich, daß das spät christianisierte Schweden in Snorris Zeit noch sehr lebendige Überlieferungen über die Verehrung Odins (hier immer Oden genannt) besessen haben muß. Nach dem schwedischen Forscher Verner Lindblom (*Götland Sveriges Vagga?*, 1982) ist Snorri Sturluson im Jahre 1219 auf seiner Materialsuche in Asaka, im südlich des Vänern liegenden Gautland, umhergereist. Verner Lindblom wirft die Frage auf, »ob er (Snorri) nicht gerade dank jener Reise in den Besitz seines bemerkenswerten Materials gelangt war«.

Die Frage wird man wohl bejahen dürfen. Wenn nicht alles täuscht, erhielt Snorri in Schweden jenen »bemerkenswerten« Bericht, den er dann an den Anfang zweier seiner Werke setzte.

Erstaunlich bleibt nur, daß er den Namen des Verfassers nicht genannt hat. Bei all den Liedversen, die er sonst seinem Werk einfügte, hat er stets den Namen des Skalden, von dem der Vers stammte, genannt. Aber vielleicht hatte er den Bericht so stark umgearbeitet, daß er ihn ohne Bedenken für eine eigene Arbeit ausgeben konnte. Oder – wahrscheinlicher noch – kannte er den Namen des Verfassers selbst nicht. Auch wenn es sich um ein Manuskript handelte, das er in Schweden empfing, kann dieses durch mehrere Hände gegangen und ungezeichnet gewesen sein. Das kam in jener Zeit durchaus vor – Wolfram v. Eschenbach benutzte für seinen *Willehalm* das noch vorhandene Manuskript eines auch ihm unbekannten Verfassers. Er nannte darum im *Willehalm* nicht wie im *Parsival* seine Quelle, sondern sprach immer nur von der »Märe«. Die »Nachricht« selbst war damals noch wichtiger als der Autor.

3.

Die Wanenkriegsthese

Wenn wir nun die Nachricht, die Snorri überliefert, in ihren »historischen« (also nicht mythischen) Teilen ernst nehmen wollen, so stellt sich die Frage, wann dieser Einzug Odins in den Norden stattgefunden haben könnte.

Da ist es nötig, zuerst eine These zu betrachten, die die Zeit dieses Einzugs mit aller Sicherheit glaubt bestimmen zu können. Es ist die sogenannte Wanenkriegsthese, die bis heute von einer ganzen Reihe von Forschern, Wissenschaftlern wie Laien, vertreten wurde und wird.

Als erster hat M. W. Güntert in seinem Werk *Altgermanischer Glaube*[5] versucht, den Wanenkrieg (diese Forscher schreiben Wanen mit W, Snorri mit V) aus der Vorgeschichte zu erklären und ihn mit dem Einfall der sogenannten Schnurkeramiker oder Streitaxtleute in Nordeuropa zu verbinden. Ihm ist dann K. A. Eckhardt mit *Der Wanenkrieg*[6] gefolgt, der Günterts These im einzelnen zu begründen versuchte. Gleichzeitig hat auch J.W. Hauer[7] den Gedanken Günterts aufgegriffen. Seither haben fast alle Forscher, die sich mit der Entwicklung des Germanentums befaßten, vor allem die Laien, aber ebenso auch Jürgen Spanuth[8], diese These als etwas Feststehendes angenommen und vertreten. Jeder, der Odin als Gott oder Feldherrn der Schnurkeramiker bezeichnet hat, stützte sich auf die Wanenkriegsthese.

Hauer zählt die verschiedenen Erwähnungen des Krieges zwischen Asen und Wanen im Snorri-Bericht und in der *Prosa-Edda* auf und zitiert Verse aus der *Völuspá*, die auf diesen Krieg Bezug nehmen. Dann fährt er fort: »Aus diesen Andeutungen läßt sich schließen, daß eine gewaltige Auseinandersetzung zwischen Asen und Wanen stattgefunden hat. Der Friedensschluß zwischen Wanen und Asen ist nur bei Snorri erwähnt, nicht in der *Völuspá*, die nur Andeutungen eines offenbar den Lesern bekannten Mythus gibt. Durch den Friedensschluß waren Njörd und Freyr in die Asengemeinschaft aufgenommen worden, und als Freyja wieder aus der Gewalt der Riesen befreit war, offenbar auch diese. Denn sie ist nachher eine anerkannte Göttin im Asenkreise. Aufgrund von Ergebnissen der vorgeschichtlichen Forschung ist es, wie ich glaube, möglich, diesen Mythus vom Wanenkrieg in den Hauptzügen zu erklären. Die Verehrung von Njörd, Freyr und Freyja kann durch den von Tacitus erwähnten Nerthuskult geographisch und stammlich festgelegt werden. Die Nerthus wurde nach Kapitel 40 der *Germania* bei den nordwestdeutschen Germanenstämmen verehrt. Diese gehörten zu der Kultgemeinschaft der Ingävonen. Yngvi, von dem das schwedische Königsgeschlecht der Ynglinge abstammt, ist ein anderer Name für Freyr. Die Vorfahren dieser ackerbauenden Anwohner des Nordseegestades haben nach den vorgeschichtlichen Forschungen dort ihre Wohnsitze seit Beginn der Jungsteinzeit, ja seit der Mittelsteinzeit. Sie sind die Schöpfer und Träger der sogenannten Megalithkultur, der Kultur der Groß-steingräber (Hünengräber). Njörd und die anderen Wanengötter müssen also die Götter der Megalithleu-te gewesen sein. Diese Auffassung wird auch noch durch die Überlegung bekräftigt, daß im Wanenkult offenbar der Kult der Fruchtbarkeitsgötter im Mittel-punkt stand, was für eine vorwiegend ackerbautrei-bende Bevölkerung selbstverständlich ist.

Ist es nun möglich, auch die Asen einem bestimm-ten geographisch-kulturellen Bereich zuzusprechen? Vorgeschichtlich kennen wir nur eine *Auseinander-setzung zwischen der Megalithkultur und der Kultur der Schnurkeramiker*. Etwa in der Mitte oder zu Anfang des 3. Jahrtausends v. Chr. ist ein starker Zug von Schnurkeramikern, die damals ihren Kernbereich in Mitteldeutschland hatten, nach dem Norden be-merkbar. Der Zustand einiger Megalithgräber läßt vermuten, daß es da und dort auch zu kriegerischen Auseinandersetzungen zwischen den beiden Kultu-ren kam. In der Folgezeit haben sie sich allerdings, und zwar offenbar ohne größere Zerstörungen, mit-einander innig verschmolzen, und *aus dieser Ver-schmelzung* entstanden dann um die Wende des 3./ 2. Jahrtausends v. Chr. die *Germanen*. Die Schnurke-ramiker kommen also aus dem Süden, für den Wodans Verehrung bezeugt ist, sobald wir geschicht-liche Nachrichten haben. Der Kulturbefund der Schnur-keramiker läßt darauf schließen, daß auch sie eine ackerbautreibende Bevölkerung hatten, daß sie aber von einem gewaltigen kriegerischen Schwung erfüllt waren. Die prachtvoll gearbeiteten, geschliffenen Streitäxte, die jedem Mann mit ins Grab gegeben wurden, sind dafür Sinnbild. Auch lassen sich Spuren der schnurkeramischen Züge im 3. Jahrtausend v. Chr. bis weit hinein nach Rußland, Finnland und an die Grenzen von Asien feststellen. Sie müssen also in dieser Zeit nach allen Seiten, Neuland erobernd, ausgegriffen haben. Ihr Gott muß ein Gott gewaltigen Dranges und der Kriegerscharen gewesen sein. Dieser Befund paßt durchaus zu der Gestalt Odins, der ja Fruchtbarkeits- und Kriegsgott, überhaupt Gott der hohen Begeisterung gewesen ist. Verknüpfen wir nun diese verschiedenen Tatsachen miteinander, so liegt der Schluß nahe, *daß die Asen Götter der Schnurkeramiker waren und daß der Wanenkrieg nichts anderes ist als die mythische Formung der Auseinandersetzung und Verschmelzung der Schnurkeramiker und Megalithleute.*« Soweit zu Hauer.

Die These wirkt einleuchtend und überzeugend, und es ist kein Wunder, daß sie so viel Zustimmung fand. Aber dennoch kann sie nicht stimmen. Und zwar aus dem einfachen Grund, weil die auf die Schnurkeramikerzuwanderung folgende Bronzezeit des Nordens Odin noch nicht kennt.

Wir wissen heute recht viel über die nordeuropäische Bronzezeit – vor allem durch die Forschungen Jürgen Spanuths, dessen Atlantisthese die Bronzezeit des Nordens schon fast ins Licht der Geschichte gerückt hat, da er schriftliche Quellen für sie erschlie-

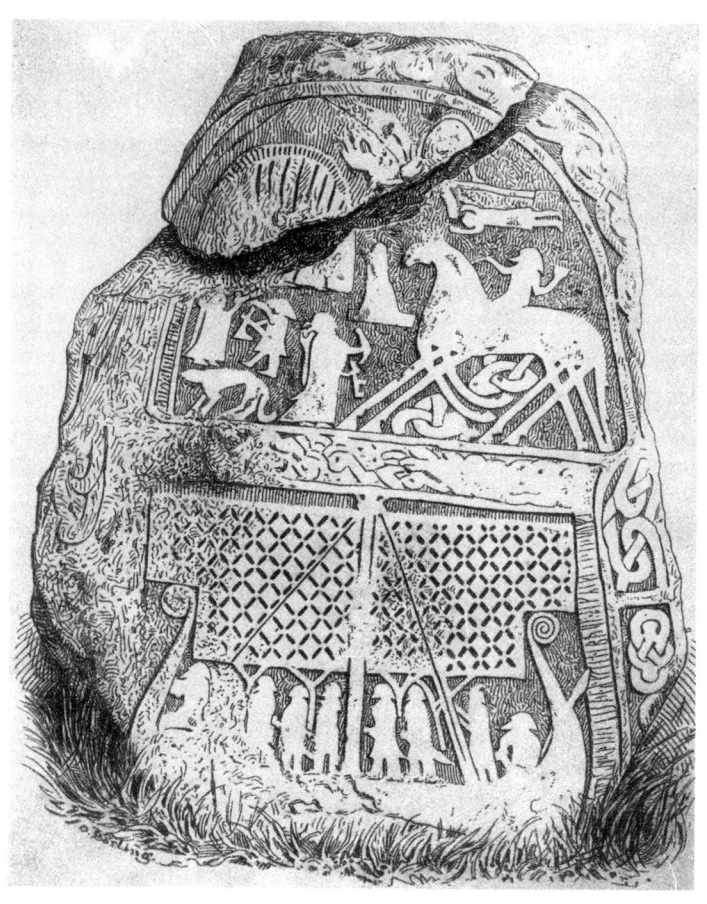

Nordischer Bildstein aus dem 9. Jahrhundert. Odin reitet auf seinem achtfüßigen Pferd Sleipnir, dem Abkömmling von Loki, als dieser sich in eine Stute verwandelt hatte. Damit erhält Snorris Erzählung eine archäologische Bestätigung.

ßen konnte. Wir haben außerdem die reichen Funde aus den bronzezeitlichen Gräbern und Hortfunden. Und so können wir erkennen, daß sich in dieser Zeit noch nicht die geringste Spur einer Verehrung des »Gottes des kriegerischen Dranges« feststellen läßt. In jener Zeit herrschte in dem Gebiet, das als »nordischer Kulturkreis« bezeichnet wird, ausschließlich der junge Gott der Heiligen Insel (Basileia, das damals noch sehr viel größere Helgoland), der Träger der Strahlenkrone, der, verjüngter Himmelsgott und Sonnenheld in einem, das Recht hütet, im Sonnenwagen über den Himmel oder, von Delphinen oder Schwänen begleitet, im Sonnen-Schiff über das Meer fährt[9]. Überall im Norden finden sich seine Zeichen und Embleme, auf Rasiermessern, Schalen und Krügen sieht man sein Schiff, seine Fische, seine Schwäne, nirgends aber Odins Wölfe oder Raben. Der dunkle, geheimnisvolle Gott des »Dranges« und der »Wut«, der Ekstasegott, der auf achtbeinigem Roß mit wehendem Mantel und Schlapphut dahinrast, der einäugige Wanderer und Anführer des wilden Heeres der wiederkehrenden Toten, den Hunde und Wölfe umheulen, er würde auch so ganz und gar nicht in die, wie Graf Erik Oxenstierna sagt, »lichtumflossene, wärmebadende Bronzezeit« passen, in jene Zeit, die in all ihren Schöpfungen die Harmonie suchte, in der die strahlenden Götter Glück, Reichtum und Frieden spendeten und in einem von Musik durchtönten Kult gefeiert wurden.

Erst gegen Ende dieser glücklichen Zeit zerbricht der goldene Friede des Nordens. Zwar waren immer

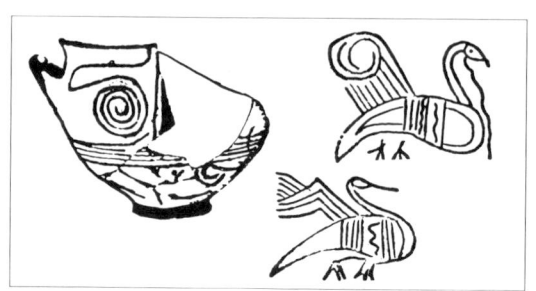

Volutenbäume und
Schwäne auf Philisterkera-
mik. Mitte: Gefangene und
gefesselte Krieger der
Nordmeervölker in Medinet
Habu, 2. Hof (aus: Jürgen
Spanuth, »Die Atlanter«)

Germanische
Schiffe: steiler
Steven an Bug
und Heck mit
Schwanenköp-
fen wie die
Schiffe der
Nordmeervölker
auf den Wand-
bildern von
Medinet Habu.

42

wieder Züge – vor allem unternehmungslustiger junger Leute – nach Süden gegangen, wir finden sie schon im 14. Jahrhundert v.Chr. als Ansiedler oder Kämpfer im Mittelmeergebiet, aber in der Mitte des 13. Jahrhunderts bringt dann eine Zeit extremer Hitze und Dürre dem Norden Hunger und Not, so daß neue Auswandererscharen nachziehen, um bessere Lebensmöglichkeiten zu finden. Das letzte Ziel ist Ägypten, das damals durch »große Nile« noch fruchtbar war. Doch ehe dieses Ziel erreicht ist, ereignet sich – wahrscheinlich durch das Eindringen eines Riesenmeteors in die Erdatmosphäre – eine weltweit spürbare Katastrophe, die in den Mittelmeerländern durch den Ausbruch der Vulkane, Erdbeben und Feuerregen ungeheure Schäden anrichtet, während an der Nordseeküste gewaltige Fluten weit ins Land eindringen. Dieses alles hat Spanuth nachgewiesen. Hier sind vor allem die ägyptischen schriftlichen Quellen ausschlaggebend. Etwa dreißig Jahre nach der großen Katastrophe erreichten die vereinigten Nordvölker dennoch Ägypten. Der Pharao Ramses III., der inzwischen die Schäden in seinem Land großenteils beseitigt und seine Abwehrkraft gestärkt hatte, schlägt die zu Wasser und zu Land angreifenden Nordmeervölker in zwei Schlachten und macht eine große Schar von Gefangenen. Diese sind auf den zahlreichen Reliefs des Tempels von Medinet Habu mit aufschlußreichen Begleittexten abgebildet. Man sieht ihren nordeuropäischen Typus, ihre Strahlenkronen und Hörnerhelme, ihre Waffen, Streitwagen und Schwanenkopfschiffe, und es ist absolut deutlich, daß das

43

alles *nur* aus dem Raum der »nordischen Bronzezeit-
kultur« stammen kann.

Neue Auswandererwellen kommen auch weiterhin
aus den durch die Fluten verheerten Ländern Nordeuropas. Die von Ramses III. zurückgeschlagenen Hee-
resteile siedeln sich an den Küsten des Mittelmeeres
an, nachträglich Zugewanderte bevölkern Süddeutschland und die Alpenländer. Überall finden sich jetzt ihre
Hinterlassenschaften, und die von ihnen neugegrün-
deten Kulturen zeigen alle mit größter Deutlichkeit,
daß es sich um Nachfolgekulturen der Bronzezeitkul-
tur des Nordens handelt. Im Palästina der Philister, im
Libanongebiet der Sakar-Phönizier, in Zypern, in
Griechenland, wo die Dorer eine neue Kultur auf den
Trümmern der mykenischen errichten, in Italien und
in süddeutschen und alpenländischen Gebieten der
Hallstatt-Kultur, in den Donauländern und weit bis in
den Osten hinein finden sich die Sonnenschiffe,
Pferde und Schwäne des Nordgottes auf Schmuck und
Gebrauchsgegenständen, in Gräbern und Hortfunden. In alle diese Länder haben die Nordleute diesen
Gott mit der Strahlenkrone, und gelegentlich noch
seinen Vater, den beilschwingenden, gehörnten Himmelsgott, getragen. Überall finden sich die Zeichen
und Begleittiere dieser Götter, aber nirgendwo eine
Spur Odin-Wodans. Wäre dieser damals schon im
Norden der Regierer Himmels und der Erde gewesen,
die Nordleute hätten auch ihn mit in den Süden
gebracht, es würden sich von ihm ebenso viele Spuren
finden wie von dem Gott der Heiligen Insel. Da das
aber nicht der Fall ist, müssen wir erkennen, daß der

Einzug oder Einfall Odins erst nach der großen Wanderzeit, also keinesfalls vor 1000 v.Chr. erfolgt sein kann.

Es waren also nicht die Schnurkeramiker, die Odin mitbrachten. Deren Einfluß auf den Norden ist überhaupt, wie mir scheint, allzusehr überschätzt worden. Der unglückliche Gedanke, *sie* seien *die* Indogermanen gewesen und hätten um 2000 v.Chr., aus dem Osten kommend, ganz Europa »indogermanisiert«, hat immer wieder Schule gemacht. Dabei ist seit einem bedeutungsvollen Vortrag, den Herbert Kühn 1932 in London vor dem 1. International Congress of prehistoric and protohistoric Science gehalten hat, klar geworden, daß die eiszeitlichen Bewohner Südwesteuropas, die Leute des Magdalénien, die nach dem Rückzug des Eises nach Norden wanderten, bereits Frühindogermanen waren, das heißt die Vorfahren aller indogermanische Sprachen sprechenden, äußerst hellfarbigen Völkerschaften der Mittel- und Jungsteinzeit in Ost-, West-, Nord und Mitteleuropa. Dennoch – seit Ernst Wahle[11] die Schnurkeramiker als Hirtenkrieger aus den fernen Steppen Asien hervorbrechen und die ärmlichen Bauernvölker Mittel- und Nordeuropas knechten ließ – hat man sich in abenteuerlichen Thesen über diese Völkerschaften geradezu überboten. Man ließ und läßt (unbegreiflicherweise manchmal noch heute) diese rasenden »Streitaxtleute« in kürzester Zeit auf Kampfwagen oder sogar als Steppenreiter (!) durch ganz Europa jagen und dabei alle Länder im Fluge mit einer neuen Sprache und einer neuen Kultur versehen. Die von Oskar Paret nachgewiesene Trockenheit im 3. Jahrtausend v. Chr., die tatsächlich viele Völker aus ihren Sitzen trieb und eine erste »Wanderzeit« verursachte (die zweite war um 1200), wird benutzt, um einen allgemeinen Zug von Ost nach West zu konstruieren, wobei Völker einbezogen werden, die durchaus nichts mit den »Schnurkeramikern« zu tun haben. Die jugoslawische Archäologin Maria Gimbutas verbindet primitive Völker des Ostens mit der Schnurkeramikerbewegung und läßt einen Strom von »Kurgan-Leuten« sich über ganz Europa verbreiten. Dabei nimmt sie das Hügelgrab (Kurgan) als Leitform, ohne zu bedenken, daß es im Westen und Norden lange vor dem angeblichen Einbruch der Ostvölker Hügelgräber gegeben hat, da ja die Großsteingräber der Megalithzeit ebenfalls von Erdhügeln überwölbt waren. Außerdem sind auch die Hügelgräber der Trichterbecherkultur viel älter als die des Ostens.

Was nun die Schnurkeramiker betrifft, so halte ich die - unter anderem – auch von J.W. Hauer vertretene Theorie für die vernünftigste: Danach wohnten diese »Streitaxtleute« zunächst in Mitteldeutschland, vor allem in Thüringen – eine frühe Herkunft aus Skandinavien ist nicht ganz auszuschließen –, und griffen im Lauf des 3. Jahrtausends weit nach Osten und Südosten aus. Teile von ihnen siedelten in den Gegenden jenseits des Schwarzen Meeres (was natürlich den Vertretern der Wanenkriegsthese ein Argument in die Hand gibt). Die Bewegung setzte sich nach Süden fort. Schon die Luwier, die »Wolfsleute«, die gegen Mitte des dritten Jahrtausends wahrscheinlich aus Mitteldeutschland kamen und vom Schwarzen Meer aus nach Kleinasien zogen und Troja zerstörten – sie haben in Nordwestanatolien sehr reiche Königsgräber hinterlassen –, waren Streitaxtleute. Ihnen folgten weitere Scharen, die dann das Reich der Hethiter gründeten. Teile beider Gruppen zogen auch nach Griechenland, wo sie vermutlich zu den ersten indogermanisch sprechenden Einwanderern gehörten. (siehe zu alledem W.P. Fischer: *Alteuropa in neuer Sicht*).

Die Züge nach Westen und nach dem Norden erfolgten wohl etwas später. Vielleicht hat auch die Trockenzeit eine Rückwanderung von Ost-Schnurkeramikern erzwungen. Messungen an Schnurkeramiker-Gräbern haben jedenfalls gezeigt, daß sie bereits um 2300 v. Chr. am Rhein saßen. Sie sind auch – wie später die Kelten – nach den britischen Inseln hinübergefahren. Starke Zuwanderungen in den Norden lassen sich feststellen, der sehr einheitliche Grabinhalt – Schnurkeramik und Streitäxte – beweist überall ihr Dasein. Daß man im Norden vom Sippengrab wieder zum Einzelgrab zurückkehrte, geht wohl auf ihren Einfluß zurück. Für kriegerische Auseinandersetzungen allerdings gibt es nur geringe Anhaltspunkte.

Dagegen ist es für den, der die nordeuropäische Bronzezeit wirklich kennt, absolut klar, daß es zwischen der Megalithzeit und der Zeit, in der die Metallbearbeitung große Fortschritte machte, keinen Bruch gab. Die Bronzezeit-Kultur entwickelt sich folgerichtig aus der Megalithkultur, die Verhältnisse ändern sich kaum, wie es doch sein müßte, hätte ein kriegerisches Volk die Menschen im Norden »geknechtet«, wie Wahle und die ihm folgten gemeint haben. Es ist ja deutlich, daß die Megalithiker nicht weniger wehrhaft waren als die Streitaxtleute und sich keinesfalls so ohne weiteres hätten knechten lassen. Die friedlichen Megalithiker, die nur hinter dem Pflug gingen und tiefsinnig zu den Sternen aufblickten, das ist eine Vorstellung, hinter der sich heutige Wünsche verbergen. In Wahrheit haben die großen Seefahrer, die ihre Kultur bis zu fernen Küsten trugen, Landstriche am Mittelmeer und in Nordafrika eroberten und dort Kolonien gründeten, sicher nie den Kampf gescheut. In den Großsteingräbern des Nordens haben sich ebenso viele Streitbeile gefunden wie Streitäxte in den Gräbern der Schnurkeramiker. Auch leichte Kultbeile, zum Beispiel aus Bernstein, wurden den Menschen häufig mit ins Grab gegeben. So erhebt sich die Frage, ob die Äxte in den Gräbern der Schnurkeramiker überhaupt den heftig kriegerischen Charakter dieser Kultur beweisen. Das Beil beziehungsweise die Axt (und später der Hammer) sind Abzeichen des indogermanischen Himmelsgottes. Es könnte sein, daß die Äxte der »Streitaxtleute« anzeigen sollten, daß der betreffende Mann sich dem Himmelsgott geweiht hatte, ebenso wie die Kultbeile in den Megalithgräbern. Jedenfalls beweist der harmonische Charakter der auf die Zuwanderung der Schnurkeramiker folgenden Bronzezeit, daß die Verschmelzung der beiden Völkerschaften ohne Mühe gelang. Die Megalithgötter blieben ungestört in ihrer Herrschaft, wie auch die Könige auf der Heiligen Insel in der Bronze- wie zuvor in der Megalithzeit das mit dem

»nordischen Kulturkreis« identische »Atlasreich« beherrschten. Alles blieb in der alten Ordnung, bis am Ende der Bronzezeit die Naturkatastrophen die blühende Kultur vernichteten und den Norden entvölkerten.

So läßt sich auch von dieser Seite her der Beweis erbringen, daß die Schnurkeramiker-Streitaxtleute den Ekstase- und Kampfgott kaum mitgebracht haben können, woher immer sie gekommen sein mögen.

4.

Der Bruch in der Geschichte der Kelten

Wir gelangen in eine andere, spätere Zeit, wenn wir uns jetzt den Kelten zuwenden.

Man ist sich heute in der Wissenschaft so ziemlich darüber einig, daß das Keltentum sich in dem Raum zwischen Böhmen im Osten und dem Elsaß und Ostfrankreich im Westen entwickelt hat, also hauptsächlich in Süddeutschland und den Alpenländern. Es ist das Gebiet der Hallstatt-Kultur, die meisten Wissenschaftler bezeichnen die Hallstattzeit bereits als keltische Zeit, einige lassen die Geschichte der Kelten erst mit dem Beginn des Latène-Stils etwa um 500 v. Chr. beginnen. Wie ich meine, kann man aber die Zeit der Hallstatt-Kultur, der kleinen Könige auf ihren Höhenburgen, der reichen Fürstengräber, des friedlichen bäuerlichen und adeligen Lebens und der fruchtbaren Handelsbeziehungen zum Süden, vor allem zu Griechenland, nicht aus der Geschichte der Kelten ausschließen.

Wie schon gesagt, steht die Hallstatt-Kultur in der Nachfolge der nordeuropäischen Bronzezeit-Kultur, der sie Formen wie Inhalte ihrer Darstellungen auf

Waffen und Metallgegenständen verdankt. Auch hier müssen also die Zuwanderer ursprünglich aus Nordeuropa stammen. Die sogenannten »Urnenfelder« Süddeutschlands sind die Friedhöfe, die sie dort anlegten, wo sie sich am Ende ihrer weiten Wanderungen niederließen. Jetzt verbreitete sich die Sitte, die Toten zu verbrennen und die Asche in Urnen in Flachgräbern oder Hügelgräbern zu beerdigen, über große Teile von Europa. In Süddeutschland geht die »Urnenfeldkultur« mit der Hallstatt-Kultur Hand in Hand. Es ist falsch, die Hallstatt-Kultur erst um 800 v.Chr. oder noch später beginnen zu lassen. Der bedeutende Archäologe Joseph Wiesner setzt Hallstatt bereits um 1100 an. Die Zuwanderung erfolgte gegen 1100 v. Chr., und diese Neuankömmlinge waren es, die wieder – wie nach Italien und Griechenland – die Darstellungen ihrer Sonnenzeichen, der Schwäne und schlanken Pferdchen, des Sonnenschiffes und der langbeinigen Menschengestalten, die für Hallstatt so charakteristisch sind, mitbrachten. Offenbar vermischten sie sich dann mit den Anwohnern der Gebiete, in die sie einzogen, hier waren das die sogenannten Hügelgräberleute der Bronzezeit. Es ist wahrscheinlich, daß sich aus dieser Mischung der Völker bereits gewisse Eigenarten des Keltischen in Sprache und Sitten ergaben.

Wie gesagt, es läßt sich aus den Funden erschließen, daß die folgenden Jahrhunderte verhältnismäßig friedlich verliefen, daß der Handel mit dem Süden der Oberschicht einigen Luxus brachte, daß Klein-Könige auf Höhenfestungen wie dem Asperg bei Stuttgart

51

*Gefäß mit Wagendarstellung von
Kalmütz, Höhe 30,2 cm*

Der Hallstatt-Stil.

*Abbildungen aus:
Uenze: »Prähistorische
Staatssammlung«*

*Bronzene Gehängefibel
von Wilzhofen, Breite
10,7 cm*

*Hallstattzeitli-
che Schale mit
menschlichen
Füßchen von
Prächting,
Mündungs-
durchmesser
22,7 cm*

*Bemalte Keramik der Spätlatènezeit von
Manching, Höhe des Fläschchens 21,7 cm*

*Bronzener Fußring der Mittellatène-
zeit von Erding-Klettham, äußerer
Durchmesser 13,5 cm*

*Bronzener Gürtelhaken der Frühlatènezeit von Hölzelsau
bei Kufstein, Länge 16 cm*

53

oder der Heuneburg bei Riedlingen an der Donau mit Eleganz Hof hielten und sich, umgeben von Gegenständen von erlesener Schönheit, in Hügelgräbern beerdigen ließen.

Dann aber, etwa um die Mitte des letzten Jahrtausends v. Chr., muß etwas geschehen sein, was das Bild der Kultur wie das Leben veränderte. Die Könige verschwinden nach und nach, es erscheint der Latène-Stil, der sich von dem klarlinigen Hallstatt-Stil sehr wesentlich durch eine ganz andere Technik und plastische Formung mit Tierdarstellungen von oft erschreckender Dämonie unterscheidet. Dieser Stil erinnert nicht unwesentlich an die aus den Kurganen Südrußlands bekannten Bronzen mit ihrem wildbewegten Tierstil. Gleichzeitig zeigt sich nun auch bei den Völkern des frühkeltischen Raumes eine vordem nicht gekannte Wanderlust; jetzt beginnen die großen Keltenzüge, die unter kühnen Anführern wie etwa Brennus, der Rom bedrohte, nach allen Richtungen ausschwärmten. Nach Spanien, nach Griechenland, sogar nach Kleinasien dringen die Kelten vor, sie besetzen ganz Frankreich, das nun zu Gallien wird, besiedeln weite Gegenden bis Nordeuropa, fahren schließlich in verschiedenen Schüben nach den britischen Inseln, so daß England, Schottland und Irland zu keltischen Ländern werden. Das alles vollzieht sich mit erstaunlicher Schnelligkeit innerhalb von drei bis vier Jahrhunderten.

Im ersten Jahrhundert vor Chr. herrschen in den größten Teilen Europas keltische Sprachen und keltische Sitten. Wenn auch die Erobererschichten oftmals recht dünn sind und der Charakter der einheimischen Bevölkerung sich bald wieder stark bemerkbar macht, so haben doch mindestens Frankreich und die britischen Inseln durch die Überlagerung ein bleibendes keltisches Gesicht bekommen.

Es waren jeweils Stämme, die unter ihren Anführern, die sich dann auch Könige nannten (daher die vielen auf »rix« endigenden Namen), Neuland suchend auszogen, irgendeine Zentralgewalt gab es nicht. Die Stämme bekämpften und verdrängten oftmals einander, die Einheit von Sprache und Sitten schuf keine Einigung im politischen Sinne. Darum wurden auch die Römer später mit den so überaus kämpferischen Kelten verhältnismäßig leicht fertig.

Von ihrem kämpferischen »Furor« berichten die Römer voller Bewunderung. Sie versteiften ihre langen, blonden Haare mit Kalkwasser und banden sie in die Höhe, so daß sie steil emporstanden, angeblich, um in der Schlacht größer und schrecklicher zu erscheinen, sie warfen sich nackt in den Kampf und fochten wie die Rasenden. Und sie waren, was sogar die französischen Forscher nicht ganz leugnen können, Kopfjäger. Sie schnitten ihren Feinden die Köpfe ab, befestigten diese an ihren Streitwagen; ein junger Mann durfte nicht heiraten, ehe er nicht einen erbeuteten Feindesschädel vorweisen konnte. Die Köpfe wurden als segenbringende Trophäen über den Haustüren angebracht, wo sie allmählich zu Totenschädeln wurden, über den Portalen und an eigens dafür hergerichteten Pfeilern ihrer Heiligtümer. Ausgrabungen in Frankreich haben es gezeigt, überall waren Totenköpfe zu sehen. (Alfred Weitnauer hat in seinem interessanten Buch *Keltisches Erbe in Schwaben und Baiern* 1965 nachgewiesen, daß die häufig über den Portalen und an Säulen und Pfeilern unserer romanischen Kirchen in Stein ausgehauenen Köpfe zum Teil Nachfahren der keltischen Totenköpfe und späte Zeugen des keltischen Kopfkultes sind.)

Nun muß sich jeder, der sich mit der Entwicklung und Geschichte des Keltentums befaßt, fragen: Was ist denn da mit einem Male in die geruhsam den Acker bebauenden, handeltreibenden und schönheitsliebenden Hallstattleute gefahren, daß sie – scheinbar über Nacht – zu solch wilden Auswanderern, Eroberern und Kämpfern wurden? Man hat an eine Revolution gedacht, aber es sind ja nicht nur die Klein-Könige, die verschwinden; alles hat sich geändert, Kultur, Sitten, ja der ganze Volkscharakter. Die auffallende Ähnlichkeit der Latène-Kunst mit dem östlichen Tierstil und die Kopfjägerei weisen in eine bestimmte Richtung.

Im 7. Jahrhundert v. Chr. kamen die Reitervölker des Ostens stark in Bewegung. Die aus Asien einwandernden Skythen verdrängten die nördlich des Schwarzen Meeres wohnenden Kimmerier, die nach Kleinasien wanderten, gefolgt von den Skythen, die sogar durch 28 Jahre fast den ganzen »Alten Orient« beherrschten, dann aber in die Länder am Schwarzen Meer zurückkehrten. Unaufhörlich gab es Kämpfe und weite Züge der Skythenstämme und ihrer Nachbarvölker, immer wieder schwärmten die Völkerschaften auch nach Westen aus. In Böhmen, Schlesien, der Niederlausitz

56

und in der Mark Brandenburg (darüber später mehr) haben sich Spuren ihrer Anwesenheit gefunden.

Inzwischen ist bei der Forschung die Frage aufgetaucht, daß diese Bewegung der Skythen – andere sagen der Kimmerier – den seltsamen Bruch innerhalb der keltischen Geschichte veranlaßt haben könnte. Manche sprechen vorsichtig von »Einfluß«, aber mir scheint es unmöglich, daß ein bloßer Einfluß derartige Veränderungen in Kultur und Wesen eines Volkes hätte hervorbringen können. Es muß sich hier schon um einen kompakten Einfall und ein Ansässigwerden einer wenn auch dünnen Erobererschicht handeln.

Durch den griechischen Meister der Reisebeschreibung Herodot wissen wir, daß die Skythen Kopfjäger waren. Er erzählt, sie schlügen den Feinden die Köpfe ab und nähmen sie mit nach Hause, benützten die Schädel der Feinde als Trinkschalen, und nur wer dem König genügend Köpfe brächte, erhalte einen Beuteanteil, »sonst nichts«, sagte Herodot. Ihre Nachbarn, die Taurier, steckten die Köpfe auf lange Stangen und richteten diese vor dem Hause auf, damit sie als »Wächter« über dem Dache schwebten.

Auch das Reiten mit Knebel und Trense und die lange Reiterhose sollen die Skythen den Kelten gebracht haben, den kleinen Schnurrbart auf der Oberlippe und vielleicht sogar die Torque, den Halsring, der auf skythischen wie keltischen Grabstellen zu sehen ist.

Wichtiger erscheint, daß sie offenbar den Wandertrieb und den kriegerischen »Furor« in den Völkern des Westens weckten. Sie mögen hier und dort die Burgen

57

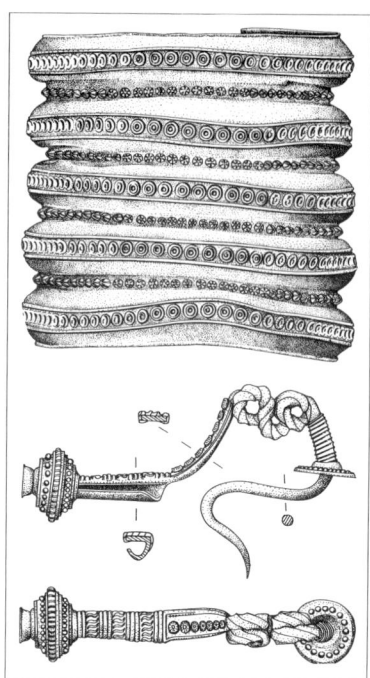

Der Armreif aus Gold;
unten eine Schlangenfibel
ebenfalls aus Gold

Der Bronzekessel mit
drei Löwen und drei Henkeln

Darstellung
einer Wagen-
fahrt auf der
Rückenlehne
der 2,75 m
langen Toten-
liege (Innen-
seite links aus
Bronze, die
von 8 Bronze-
figuren
gestützt war).
(alle Abbil-
dungen aus
Jörg Biel, »Der
Keltenfürst
von Hoch-
dorf«, Stuttgart
1985)

der Klein-Könige zerstört, und ihre Anführer dürften sich an die Spitze der Stämme gesetzt und diese zu fernen Zielen geführt haben.

Wann und wie dies alles geschah, liegt noch im dunkeln. Hier könnte nur die gründliche Arbeit eines Wissenschaftlers oder einer Gruppe unter dem Gesichtspunkt »Steppenreiter-Einfall« mit Auswertung aller erreichbaren archäologischen Funde und Daten Licht in das Halbdunkel der keltischen Vorgeschichte bringen. Das Erscheinen von Latène wird im allgemeinen in die Zeit um 500 v.Chr. gesetzt. Doch wird auch von »skythischen Einflüssen« in noch früherer Zeit gesprochen. Aus der Zeit um 500 wurden große Zerstörungen im Raum der oberen Donau, im Rheintal, dann in Ostfrankreich, im Rhonetal bis nach Oberitalien hinein festgestellt. In Burgund, der Franche-Comté und dem Marne-Gebiet findet sich in Adelsgräbern unvermittelt die früher im Westen nie beobachtete, rein östliche Sitte, den Herren getötete Diener und Frauen ins Grab mitzugeben. Hier handelt es sich deutlich um Neuankömmlinge, die sich erst langsam den Sitten der Hallstatt-Welt anpassen. Im Hunsrück dagegen werden noch in späterer Zeit Fürstengräber im alten Stil errichtet.

Die Beisetzung des »Keltenfürsten«, dessen Grab 1976 bei Hochdorf in Württemberg (in der Nähe des Asperg, den der »Keltenfürst« zweifellos bewohnt hat) aufgefunden und ausgegraben wurde, ist von seinem Ausgräber Dr. Jörg Biel auf 550 v.Chr. festgesetzt worden. Die wunderschönen Gegenstände, die dem »Fürsten« (der sich sicher König genannt hat) mit ins

59

Grab gegeben wurden, zeigen den reinsten Hallstatt-
stil. Hier herrschte dieser Stil also noch unumschränkt,
von Latène ist noch nichts zu entdecken. In dem einige
Jahrzehnte späteren, nahe gelegenen Grabhügel
»Kleinaspergle« dagegen hat sich neben Hallstattge-
genständen auch etwas Latène-Schmuck gefunden,
der hier aber eher wie »Einfuhr« wirkt. Im ganzen
deutet im Land um den Asperg noch alles auf eine
friedliche Zeit mit Handelsverbindungen und blühen-
der Kultur hin. Es ist bemerkt worden, daß der
»Keltenfürst«, der einen Hut aus Birkenrinde statt eines
Helms trug und dessen Waffen mit ihrem Goldüber-
zug offensichtlich Prunkwaffen und Würdeabzeichen
waren, einen höchst »friedfertigen« Eindruck mache.
Eine reiche Zeit ohne Kämpfe und Veränderungen?
Und um 500? Es sieht so aus, als sei das skythische
Unwetter südlich des Schwabenlandes vorbeigezo-
gen, und der »Einfluß« habe sich dann erst langsam
auch hierher verbreitet. Aber wie gesagt, hier läßt sich
noch nichts entscheiden.

Auf alle Fälle aber – der Umbruch ist, wann und wie
auch immer, erfolgt. Die Kelten wurden zu schweifenden, beutemachenden Auswanderern, zu Reitern, sie
schufen eine Kunst von fast erschreckender Aussage-
kraft und hintergründiger Dämonie. Kampf, Tod und
Schädelkult stehen im Vordergrund – man denke nur
an das »Ungeheuer von Noves«, das sich auf zwei
abgehauene Köpfe stützt. Die Römer berichten von
grausamen Menschenopferbräuchen. Das alles mutet
so »östlich« an, daß wir kaum daran zweifeln können:
Hier muß um die Mitte der ersten Jahrtausends v.Chr.

ein bedeutender Einbruch eines Steppenvolks aus dem Osten die frühere Kultur und somit auch die Bevölkerung überlagert und gewandelt haben.

5.

Steppenreiter auch im Norden?

Die Bronzezeit dürfte in vielen Teilen Europas und gerade in Mittel- und Nordeuropa eine Zeit friedlicher Entwicklung gewesen sein, in der Handel, Fernverbindung und Schiffahrt Wohlstand brachten. Es war die Zeit des Klimaoptimums, eine Wärmezeit voller Fruchtbarkeit – zweifellos das »Goldene Zeitalter« der Überlieferung. Dann aber machten die große Trockenperiode und schließlich die Naturkatastrophe, die einen Klimasturz brachte, dem allen ein Ende.

Der Norden war in der Folgezeit nahezu entvölkert. Die großen Auswanderungen vor und nach der Katastrophe hatten nur eine geringe Zahl von Einwohnern zurückgelassen. Die Forschung hat nachgewiesen, daß um 1200 auch in Mittel- und Nordeuropa große Wald- und Moorbrände gewütet hatten. In den Küstenländern hatte das Meer, auch dort, wo es sich wieder zurückgezogen hatte, durch Überflutung die Böden für lange Zeit unbrauchbar für die Feldbestellung gemacht. So herrschten bei den Zurückgebliebenen Armut und Elend, auf der Königsinsel Basileia, die das Meer gänzlich überflutet hatte, wohnten keine Könige mehr, und später, als wieder Teile von ihr – in der sogenannten »eisenzeitlichen Regression der Nord-see« – aufgetaucht waren, mag es längere Zeit gedau-ert haben, bis das Heiligtum des Lichtgottes Poside(os) wieder erstehen konnte. Daß es wieder erstanden ist, wissen wir durch die Erzählungen der Griechen über das Hyperboreerland. (Daß das Hyperboreerland *nur* das heutige Schleswig-Holstein gewesen sein kann, geht eindeutig aus den Erzählungen der griechischen Schriftsteller hervor, denn nur hier gab es eine heilige Insel im brausenden Okeanos, an deren Strand Bern-stein angeschwemmt wurde, einen Fluß, der Bern-stein führte, dazu Rastplätze der Singschwäne auf deren Flug nach Norden. Hier stand die Säule des Atlas, die »den weiten Himmel« hielt, nur hier können die Griechen »die heilige Grenze der Welt« gesehen haben, abgesehen davon, daß Plinius den genauen Breitengrad angibt.)

Herodot und andere berichten von Verbindungen, die zwischen dem hyperboreischen Heiligtum, das die Heimat Apolls war, und den Apoll-Heiligtümern Delphi und Delos bestanden, von Gesandtschaften, die aus dem Norden kamen, von hyperboreischen Jungfrauen, die auf Delos blieben (ihr Grab ist dort heute noch zu sehen). Doch dann reißen die Verbin-dungen ab, spätestens ab 600 v.Chr. bestehen sie nicht mehr, das Hyperboreerland mit seinem Inselheiligtum wird zur Sage. Die weiten Wege durch ganz Europa waren unsicher geworden. Hatten sich die Tempel-jungfrauen aus dem Norden zunächst von Jünglingen, die ihren Schutz bildeten, begleiten lassen, so reiste jetzt niemand mehr, weder Priesterin noch berühmter

Weiser, von Schleswig-Holstein aus die Elbe hinauf, die Donau und dann den Vardar hinunter an die Adria und von dort zu Schiff von Insel zu Insel bis nach Delos. Eine Zeitlang wurde die Opfergabe, die früher die Gesandtschaft der Hyperboreer mitgebracht hatte, gehüllt in ein Ährenbündel, noch von Volk zu Volk weitergereicht. Dann war auch das nicht mehr möglich. Sollte diese Unsicherheit der Reisewege in Europa, die auch für die so schlechten Geographie-Kenntnisse der Griechen verantwortlich sein dürfte, nicht auch etwas mit der Unruhe, die im Osten ausgebrochen war, und den nach Westen ausschwärmenden Reitervölkern zu tun haben?

Über die Geschichte des Nordens in jener Zeit wissen wir so gut wie nichts. Die Archäologie versagt hier: Fundlücken, fast beigabenlose Gräber, kleine ärmliche Eisenfunde, das ist alles, was sie zu vermelden hat. Die Gegenstände, die man dem Toten fürs Jenseits mit ins Grab gab, wurden fast durchweg mit diesem verbrannt, da blieb nicht viel, aus dem sich etwas schließen ließe. Auch Holzproben, die zur Zeitmessung mittels der Baumringmethode dienen könnten, scheinen sich kaum erhalten zu haben. Ein einziger Fund sticht aus dem Bild der allgemeinen Bedeutungslosigkeit hervor, ein Schatzfund aus Vettersfelde in der Mark Brandenburg, der schon 1882 gehoben wurde und den Gelehrten bis heute viel Kopfzerbrechen gemacht hat, denn es handelt sich dabei einwandfrei um die Ausrüstung eines *skythischen* Anführers. Herrliche Goldarbeiten im Tierstil – wie kamen die so weit nach Westen? Man setzte den

64

Fund ins 6. Jahrhundert v.Chr., und da etwa zur gleichen Zeit der Perserkönig Dareios I. die Skythen angegriffen hatte - ohne Erfolg übrigens, da diese beweglichen Nomaden ganz einfach vor ihm auswichen und sich nicht fassen ließen –, so vermutete der Archäologe Furtwängler, man habe es hier mit einem Zeugnis dieser Ausweichbewegung zu tun. Das aber wurde als unglaubwürdig verworfen, da die Entfernung von der Skythenheimat am Schwarzen Meer dafür viel zu weit sei.

Man dachte nun an einen der Raubzüge der Steppenreiter, zumal sich auch in Schlesien, Böhmen, Siebenbürgen und Zentralbulgarien Spuren skythischer Überfälle im 6. und 5. Jahrhundert nachweisen ließen. Sogar an einen Überfall mit Dauerfolgen wurde gedacht. Karl Jettmar schreibt in seinem Buch *Die frühen Steppenvölker* (1980): »Da man weiter der Ansicht war, die Skythen hätten Südrußland als nomadische Eroberer über friedliche Bauern beherrscht, stand man auch noch vor der Frage, ob sich dieses Spiel nicht in Mitteleuropa außerhalb des Lichtkreises der schriftlichen Quellen wiederholt hätte. War es auch hier zu Ansiedlung und Reichsgründung gekommen?«

Der Archäologe Fettich, den Jettmar anführt, hat sich gegen die Auffassung gewandt, das Auftreten der Skythen in Mitteleuropa sei hier nur eine Episode gewesen. Er meinte, »man müsse vielmehr mit einer massiven Landnahme rechnen«, mit einer Herrenschicht, die dann in der Bevölkerung aufgegangen sei. Andere Forscher erklären, die sogenannte Lausitzer

Kultur habe viel unter skythischen Vorstößen zu leiden gehabt.

Hier haben wir nun jedenfalls ein archäologisches Zeugnis, wie wir es uns besser nicht wünschen könnten. Denn in der Mark Brandenburg (und ebenso in Schlesien und in der Lausitz) saßen zu jener Zeit Sueben und damit Germanen. Eine skythische Landnahme also auf germanischem Boden?

Sollte sich hier tatsächlich das Gleiche abgespielt haben wie im keltischen Hallstattgebiet? Ist es möglich, daß auch über die Germanen Ost- und Norddeutschlands eine Völkerwelle aus dem Schwarzmeergebiet hereingebrochen war und Veränderungen der Sitten, der Lebensumstände und -auffassungen, und vor allem der religiösen Gebräuche und Vorstellungen bewirkt hat?

Wir wissen, wie gesagt, heute, dank der schriftlichen Berichte, die Spanuth erschlossen hat, ziemlich viel über Leben, Bräuche, Sitten und Religion der Bewohner Nordeuropas in der Bronzezeit. Über die Germanen der späteren Zeit – ab dem 2. Jahrhundert v. Chr. – haben die Römer viel Aufschlußreiches geschrieben. Aber dazwischen klafft die Lücke.

Doch eines ist deutlich: Die Berichte der Römer zeichnen ein Bild, das von dem früheren, dem vor der Lücke, in mancher Hinsicht verschieden ist. Es hat sich sichtlich einiges verändert seit der Zeit der »frommen und weisen Hyperboreer«.

Die Germanen der Römerzeit werden wohl als fromm, aber nicht als weise geschildert, auch nicht als so seßhaft und wohlhabend wie die Nordleute der

Bronzezeit. Es wird von ihnen nicht gesagt, daß sie vor allem anderen reichen »Schmuck, heiße Bäder und Ruhe« lieben. Es ist etwas Unruhiges in ihr Wesen gekommen, etwas außerordentlich Wanderlustiges und Kämpferisches. Sie lieben weit mehr als früher den Krieg und die Ortsveränderung – ganz ähnlich wie die Kelten, von denen die Römer genau dasselbe sagen. Neben dem »Furor« der Gallier steht der »Furor teutonicus«.

Die Menschen des Nordens waren bereits seit der Mittelsteinzeit Seefahrer. Und wie alle Meeranwohner zog es sie in die Ferne. Die Megalithkultur ist über See bis an ferne Küsten getragen worden. Die Nordleute der Megalithzeit waren – das läßt sich erweisen – große Kolonisatoren, die in Spanien, in Ägypten wie in Nordafrika Fuß faßten und sogar nach den beiden Amerika gelangten.

Auch in der Bronzezeit blühte die Seefahrt, und ohne Zweifel sind immer wieder Jungmannschaften, nach 1400 v. Chr. sogar ganze Stammteile, ausgezogen, um Neuland zu suchen. Doch daheim im Norden herrschten Frieden und Ruhe, und erst die großen Hungersnöte und die Einbrüche des Meeres trieben die seßhafte Bevölkerung zur Auswanderung.

Auch die Kimbern und Teutonen, die als erste Germanen in den Gesichts- und Kampfkreis der Römer gerieten, erklärten, sie seien durch Meeres-überflutungen, aber ebenso durch anhaltende Kriege – also wahrscheinlich durch Zwistigkeiten zwischen den Stämmen – aus ihrer Heimat vertrieben worden. Auch bei den späteren Auszügen der Germanen hat

67

das Klima wohl öfter eine Rolle gespielt. Aber es ist jetzt doch mehr als das, es ist, was Martin Ninck »den schweifenden Hang der Germanen« nennt, »nachhaltig inneres und äußeres Schicksal beeinflußend, Lebensrichtung und Lebensweise, Sprache, Denken und Erzeugnisse bestimmend«.[13] Immer wieder sind die Stämme auf der Fahrt. Die Ost- und Westgermanen, die in der Bronzezeit noch auf das Gebiet zwischen Weser, Aller und Oder beschränkt waren, greifen schon in der Zeit nach 500 v.Chr. weit nach Osten, Süden und Westen aus und sind bald darauf Herren des ganzen mitteleuropäischen Gebietes. Den von der Weichsel zur Donaumündung vorrückenden Bastarnen und Skiren folgt der Riesenauszug der Kimbern.

Seit 73 vor Chr. führt Ariovist seine Sueben nach Gallien, 59 vor Chr. rücken die Usipier und Tenkterer nach. Im Osten entsteht die Bewegung der Goten, die im zweiten Jahrhundert nach Chr. nach Südrußland ziehen, wo sie ein Reich unter Ermanerich gründen, das erst dem Ansturm der Hunnen erliegt. Tatsächlich ist zu dieser Zeit kaum einer der Stämme mehr in seinem alten Sitz, wie es Tacitus beschrieben hat. »Gemeinsam ist allen«, sagt Strabo von den transelbischen Germanen, »die innere Bereitschaft zum Wechsel des Wohnsitzes.«

Dies alles hat sich aber noch vor der – in der Geschichte so genannten – »Völkerwanderung« abgespielt. Die Züge der Ost- und Westgoten, der Sueben nach Spanien, der Wandalen nach Nordafrika, der Gepiden im Osten, der Langobarden bis Italien, das alles ist wohlbekannt. Die Wikinger beunruhigen zwei Jahrhunderte lang alle Küsten bis zum Mittelmeer, zum Pontis und der Mäotis. Die Waräger gründen später in Rußland ein mächtiges Reich, sie gelangen als Krieger wie als Händler bis nach Byzanz. Immer ist da Bewegung, Auszug, Fernwanderung und Kampf.

Ninck schreibt[14]: »Dem Leser isländischer Sagas oder eddischer oder skaldischer Lieder muß bald ins Auge fallen, wie ungemein häufig das Verbum fara=fahren, gehen, kommen mit seinen Stammverwandten vorkommt. Götter und Helden sind beständig auf der Fahrt. ›Mir ist in allen meinen Tagen zu reisen auferlegt, zu reisen und zu fechten, bis auf meine Hinfahrt‹, sagt der alte Hildebrand im *Hildebrandslied.*

Der Häufigkeit, mit der des Fernhinziehens und Schweifens gedacht ist, entspricht die im Norden geliebte Betrachtung des Raumes als einer Straße und eines in die Ferne weisenden Weges.«

Ninck führt hier das Rätsel an, das Odin in der *Edda* dem König Heidrek aufgibt:

>»Von Hause ging ich,
>Von Hause ging mein Pfad,
>Ich sah Wege auf dem Weg,
>>Weg war unten,
>>Weg war oben,
>>Weg überall.«

Ninck setzt diesen Hang zum Wandern und Schweifen in unmittelbaren Bezug zu Wodan-Odin, dem ewig Wandernden und Schweifenden. Er spricht von der »merkwürdigen Schweifensunruhe« des Gottes. Er ist ja auch scheinbar ein Gott des Sturms. Aber »die Sturmbedeutung ist anscheinend nur eine Seite seiner allgemeinen Schweifensnatur. Diese ist nicht nur naturmythisch, *sondern als seelischer Wesenszug, als das Kennzeichen seiner inneren Wesensbeschaffenheit* zu verstehen.«[15] Er ist der Gott der Ausfahrt, der Entrückung, der Dämon der Ekstase. Ausfahrt nicht nur des Leibes also, sondern auch der Seele, das ist, was Odin bei »den Seinen« bewirkt.

»Es ist mehr noch auch der auf die Götter übertragene Schweifensdrang, der die Germanen lange abhielt, ihnen feste Sitze und Bilder zu unterstellen«, sagt Ninck[16]. Es ist erwiesen, daß der Norden in der Bronzezeit prächtige Tempel und Götterstatuen kannte. Tacitus (c.9) sagt dagegen von den Germanen, daß sie es mit der Hoheit der Himmlischen unvereinbar hielten, die Götter in Tempelwände einzuschließen oder sie einer menschlichen Gestalt nachzubilden. Der heilige Hain, den es natürlich neben dem Tempel immer gegeben hat, dürfte nun aber den Tempel fast völlig verdrängt haben, erst in der Wikingerzeit tauchen in den Berichten wieder Gotteshäuser mit hölzernen Götterbildern auf; man hatte auf der Weitfahrt den Süden mit seinen Tempeln und Kirchen kennengelernt und kehrte nun zu der Sitte, den Göttern prachtvolle Häuser zu bauen, zurück. Erst ganz spät, nach 1000 n. Chr., wird ein Standbild Odins in Upsala erwähnt. Im Grunde ist es auch fast undenkbar, sich den wild rasenden, reitenden, wandernden Gott der stürmischen Bewegung als statisches Bild zwischen Tempelwänden vorzustellen.

Hier ist anzumerken, daß die Reitervölker des Schwarzmeergebietes, wie die Ostindogermanen überhaupt, keine Tempel kannten. Hauer schreibt [17]: »So ist auch zum Beispiel in den ältesten indoarischen Liedern, dem Rigweda und dem Atharvaveda, kein Tempel- und Götterkultbild nachzuweisen. . . Auch bei den alten Iraniern steht es ähnlich. Daß diese Abneigung gegen Götterbilder und Tempel nicht auf Mangel an künstlerischem Können beruht, beweist z. B. die hochentwickelte Skythenkunst, in der kein einziges wirklich klar erkennbares Götterbild nachgewiesen ist außer in den allerspätesten Phasen, wo die Berührung mit dem Griechentum schon sehr stark war.«

Seit dem durch die Versteppung weiter Gebiete erzwungenen Übergang zur nomadischen Lebensweise lehnte man »die Enge der Tempel« ab, tragbare Heiligtümer wurden auf die Fahrt mitgenommen, wie es offenbar bei den Kimbern und Teutonen später auch geschah.

Die gesteigerte Schweifensunruhe wird wie bei den Kelten nun auch bei den Germanen ergänzt durch eine gesteigerte Bereitschaft zum Kampf, ja eine wahre Kampfleidenschaft. Auch diese steht in enger Beziehung zur Verehrung des »Wut«gottes. »Wodan id est furor,« sagt Adam von Bremen (1075).

Wuote-Wodan-Odin ist in erster Linie der Gott der Ekstase. Dem oberdeutschen Wout (Wut) entspricht das nordische »oðr«, adjektivisch gebraucht für wütend, rasend, wild, zornig, heftig, schnell, vom Sturmwinde wie vom Menschen im Affekt, substantivisch: Besessenheit, Dichtergabe, Dichtung, Seele, Geist. Dazu gehört angelsächsisch wöd=Gesang, altirisch faith=Dichter, lateinisch vates=Seher, gottbegeisterter Sänger. Odin-Wodan ist Herr des äußeren und inneren menschlichen Stürmens, der Ekstase, der Wut wie der dichterischen, schöpferischen Bewegung im Menschen.

Und so ist er auch der Erreger der Kampfekstase im »Schlachtensturm«. Es gibt in den Sagas der Isländer wie in den Heldenliedern hierfür viele Zeugnisse. Der – auch im Snorribericht erwähnte – »Berserkergang« ist Odins Werk. Es handelt sich dabei um ein ekstatisches Außer-sich-Sein, das die Kampfkraft aufs äußerste steigerte. Die Berserker kämpften nackt, wie es auch von keltischen Kriegern berichtet wird, um ihre Verachtung jedes Schutzes durch Rüstung wie durch Kleidung zu beweisen, daher ihr Name, der »ohne Hemd« bedeutet.

Nach Ninck war der Berserkergang ein ekstatischer Zustand, der ursprünglich sehr starke und dazu speziell veranlagte Männer ohne ihr Zutun befiel. Später allerdings war es wohl so, daß die zwölf Berserker, die eine Art Leibgarde der Könige bildeten und sie im Kampfe umringten, sich selbst in diesen Zustand hineinzusteigern vermochten. Sie kämpften wie die Rasenden und waren angeblich unverwundbar – in Wahrheit wird es wohl so gewesen sein, daß sie den Schmerz in ihrer gesteigerten Raserei nicht spürten. Niemand soll ihnen standgehalten haben.

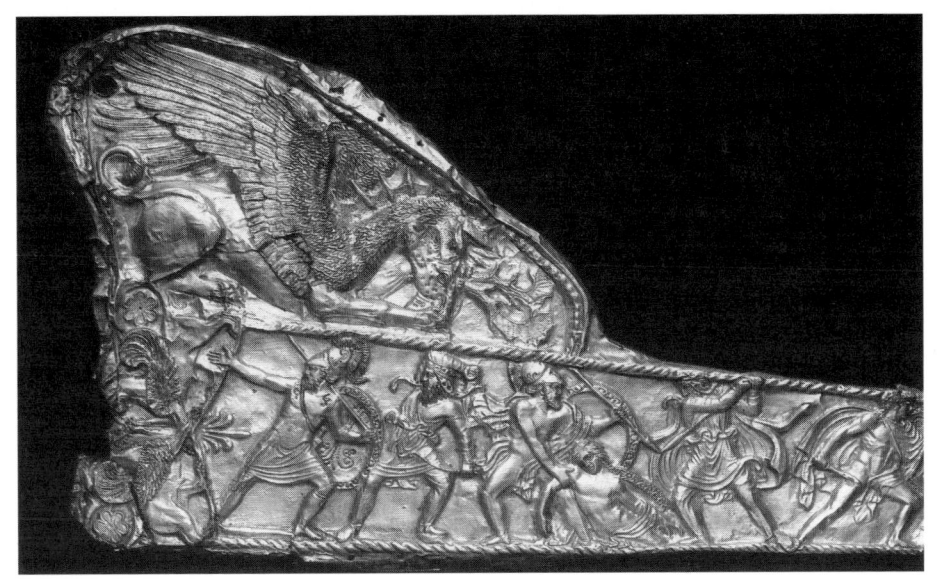

Oben:
Reliefbe-
schlag einer
Schwertschei-
de. Im Fries
Kämpfe
zwischen
Griechen
und einhei-
mischen
Barbaren.
Links:
Vornehme
skythische
Krieger in
voller Rü-
stung. (Aus:
R. Rolle, S.77)

Von den Skythen und ihren Nachbarvölkern wird nun ganz Ähnliches berichtet. Offenbar war ihre Kampfwildheit, ja Kampfwut ungeheuer. Heutige Forscher vermuten, daß diese Wildheit durch Rauschmittel zur Ekstase gesteigert wurde. Renate Rolle schreibt in ihrem kenntnisreichen Buch: *Die Welt der Skythen*[18]: »Der Haschischgenuß – dazu noch mit reinem Hanfsamen! – könnte mit seinen vielfältigen Wirkungen wie Zeitverzögerungseffekten und der Abstumpfung gegen Schmerzen unter anderem auch ein gebräuchliches Mittel bei der Vorbereitung zur Schlacht gewesen sein.« . . . »Bei einem östlichen Nachbarstamm, den *Sata Haumavarga* (den Haoma trinkenden Saken), ist die Verwendung von Fliegenpilzsud wahrscheinlich, dessen Rauschwirkung in vielem der Berserkerwut geähnelt haben mag.« Die Germanen haben zwar sicher nicht wie die Skythen den Hanfsamenrausch geliebt, aber es bleibt die Frage, ob nicht auch bei ihnen kraftsteigernde, die Ekstase fördernde Mittel verwendet wurden, um den Zustand der »Berserkerwut« hervorzubringen.

> »Da brüllten Berserker –
> Los brach die Fehde –
> Wolfspelze wildheulend
> Wurfspeere schwenkten«,[19]

sang der Skalde Thorbjörn Hornklofi in seinem Lied, das den Sieg Harald Schönhaars in der Schlacht am Bocksfjord 872 n. Chr. beschrieb. »Wolfspelze« sind Werwölfe. Das Werwolftreiben, das auch in diesen Kreis der durch Odin bewirkten

Gußform aus dem 6. Jh. für Helmplatten (Öland). Die Figur trägt einen Helm, dessen Hörner in Vogelköpfen enden; ihr Begleiter hat eine Wolf- oder Bärenmaske, möglicherweise eine Anspielung auf die Berseker, Odins Gefolgsleute. (aus: M. Magnusson, »Die Wikinger«)

ekstatischen »Läufe« gehört und noch für das 17. Jahrhundert n. Chr. in Livland nachgewiesen ist, stand ähnlich wie die Wilde-Heer-Umzüge (»Wutanes her und alle sine man«, sagt der Münchner Nachtsegen) ganz im Zeichen des »Wutherrn«. Die Werwölfe wurden auch Odens (oder Gottes) Hunde genannt. Hier wie dort empfanden sich – das geht auch aus späteren Berichten hervor – die in Tiervermummung auftretenden Kämpfenden oder »Laufenden« selbst als Verwandelte, als Tier- oder doch als tierähnliche Wesen, ausgestattet mit der Kraft und Wildheit von Wölfen, Bären, Ebern oder anderen wilden Tieren, als die sie kämpften oder zu bestimmten Festzeiten unter Anführung des »Wuote« über die Felder liefen, denen sie dadurch Fruchtbarkeit spenden sollten.

Hier ist wieder eine östliche Parallele anzuführen: Herodot erzählt, daß die Neuren (Neuroi), ein Nachbarstamm der Skythen, die skythische Gebräuche hätten und einst im skythischen Gebiet gelebt, es aber wegen einer Schlangenplage verlassen hätten, »Zauberer« seien. »Skythen und im Skythenland lebende Hellenen behaupten, jährlich einmal verwandle sich jeder Neurer für wenige Tage in einen Wolf und trete dann wieder in den menschlichen Zustand zurück.

Ich meinerseits kann solchen Erzählungen keinen Glauben beimessen. Sie behaupten es indessen und beschwören sogar ihre Behauptung.« So findet sich hier also ebenfalls die Tierverwandlung als feststehendes Brauchtum, das vermutlich – wie noch im 16. und 17. Jahrhundert *n*. Chr. in Preußen, Livland und Litauen – zur Weihnachts-, also Sonnenwendzeit, geübt wurde[20].

Die Tiermaske wurde in der Schlacht nicht nur zur Steigerung der eigenen Kräfte verwendet, sondern auch zur Schreckung der Feinde. Odin ist – in der *Edda* – Yggr, der Schrecker (Hier ist eine Berichtigung einzufügen: In Büchern, die von Anthroposophen geschrieben oder anthroposophisch beeinflußt sind, liest man immer wieder die Behauptung, Odin als Yggr sei als der »Ichträger« gesehen worden, der den Germanen das »Ichbewußtsein«, also wohl das Bewußtsein ihrer Identität als Volk gebracht habe. Diese

Helm der Wendelzeit aus Uppland in Schweden

Behauptung stammt von Rudolf Steiner und ist falsch. Sie beruht auf einem Irrtum: »Ich« heißt im Altnordischen »ek«, »ygg« dagegen, entstanden aus der indogermanischen Silbe »äg«, griechisch »aig«, bedeutet Schrekken, beziehungsweise Schrecken erregend. Als Yggr ist Odin der Schreckenerregende – vor allem in der Schlacht).

Tiermasken oder Helmaufsätze, die Tierköpfe darstellten, finden sich häufig auf Darstellungen der Spätzeit, wie zum Beispiel auf dem Helm von Wendel aus Upsala vom 7. Jahrhundert n. Chr. Aber schon die Kimbern trugen nach Plutarch (*Marius* c 25) solche Helme in der Schlacht: »Ihre Reiter. . . zogen in glänzender Rüstung aus mit Helmen, die den geöffneten Rachen furchtbarer Raubtiere und seltsamen Tiergesichtern glichen, und da sie diese noch durch Federbüsche erhöht hatten, erschienen sie noch größer.« Auch die Bataver flößten »mit aus Wäldern und Hainen entnommenen Tierbildern« den Römern Schrekken ein.

Bei den aus dem Norden gekommenen Kriegern der späten Bronzezeit, die die Ägypter abbildeten, findet sich nichts dergleichen. Überhaupt ist bei ihnen nie von Kampfwut und wilder Kampflust die Rede (Hier sind es die ägyptischen Krieger und sogar ihre Pferde, die nach Angabe des Pharao »vor Kampfbegierde zitterten«). Die Nordmeer-Krieger von Medinet Habu wirken diszipliniert, ihre Kriegsweise war ritterlich, es sind mehrere Fälle bekannt, daß die Anführer der Nordmeervölker dem Feind den Zweikampf anboten, um durch diese menschensparende Sitte das

Schicksal des Krieges zu entscheiden. Und sie zogen, wenn ihr Anführer fiel, auch jedesmal vertragsgemäß ab.

Hier ist nichts, was mit dem Odins-Kampfgeist der späteren Zeiten sich vergleichen ließe. Es ist klar, daß mit der Odins-Religion etwas sehr Urtümliches, Wildes, aber auch Unbedingtes, Hartes und männlich Starkes in den Kämpfern des Nordens erweckt – oder sagen wir lieber – wiedererweckt wurde.

»Bei Betrachtung der Odins-Namen«, schreibt Ninck[21], »fällt auf: die unbedingte Hingabe der hier gespiegelten Menschen an Kampf und Krieg, die Betonung männlichen Geistes und männlicher Werte, die Miteingeschlossenheit der Tiere in diese Erlebniswelt bei fast gänzlichem Ausscheiden der Pflanzen.«

Dem entspricht das Wesen der Wikingerkunst, der »Tierstil«, wie er genannt wird, entsprechend dem skythischen Tierstil, mit dem er trotz großer Verschiedenheiten doch auch wieder eine erstaunliche Ähnlichkeit besitzt. An eine direkte Übernahme ist bei einem zeitlichen Abstand von mehr als tausend Jahren kaum zu denken. Aber die beiden Tierstile sind aus gleichem Geist entstanden, wobei allerdings die kämpferische Härte der östlichen Reitervölker noch bedeutend größer erscheint als die der Nordleute, bei denen die tiefsinnig-geistige Komponente überwiegt. Bei den Reitervölkern ist es immer und immer wieder die Darstellung eines wilden und grausamen, sehr realistisch gesehenen Kampfes zwischen Tieren, die wissentlich oder unterbewußt die Wünsche und Notwendigkeiten der eigenen Seele wie des harten Lebens eines Naturvolkes spiegelt. Hierzu ist zu sagen, daß die Einstellung zu Kampf und Krieg bei den Völkern der Frühzeit naturgemäß ganz verschieden von der

Eine typische Darstellung des skythischen Tierstils: Kampfgruppe von Flügellöwe und Pferd, 12,3 cm breit, entstanden 4. Jh. v. Chr.

heutigen war. Wir, die wir auf der einen Seite durch Zivilisation und Wohlstand geschützt, auf der anderen mit dem absolut mechanisierten Krieg, in dem männliche Bewährung kaum noch eine Stelle hat, konfrontiert wurden, können nur noch schwer begreifen, was der Kampf für Menschen bedeutete, die einer harten, gnadenlosen Natur noch ohne die Hilfsmittel späterer Zeiten gegenüberstanden und sich ständig gegen sie wie gegen feindliche Menschengruppen wehren mußten, Notwendigkeiten, die alle Kräfte des Mannes

80

forderten und ganz andere ethische Akzente setzten. Der Osten hat sich, was die äußere Zivilisation betrifft, stets – und das bis heute – langsamer entwickelt als der Westen. Jene Reitervölker, die aus Mittelasien in die Gebiete am Schwarzen Meer vorrückten, hatten gegen die Versteppung ihrer Welt wie gegen andere Unbilden einer ungezähmten Natur alle ihre Kräfte einzusetzen. Sie hatten sich urtümliche Härte wie urtümliche Sitten, Gebräuche und Denkungsart erhalten müssen und erhalten. Auch die für uns verwunderliche nahe Beziehung zum Tier, vor allem zum wilden Tier, die bis zur Tierverwandlung führte, stammte aus sehr alten menschheitlichen Zuständen. Und es sieht ganz so aus, als hätte ein solches Volk etwas von dieser Wildheit und Härte, der hohen Schätzung der Körperkraft wie der Fähigkeit zur Ekstase, der Schweifensunruhe wie der Verachtung von Wohlleben und Weichlichkeit zusammen mit einer entsprechenden Religion auf die Menschen Nordeuropas übertragen, nicht zu deren Nachteil übrigens, denn diese erhielten dadurch etwas von der Vitalität, Durchsetzungskraft und Aktivität zurück, die sie offenbar nach dem Zusammenbruch in der Katastrophenzeit nicht voll wiedergewonnen hatten.

Daß die Kampflust und Kampfekstase vor allem der Nordgermanen, die die Heldenlieder und Sagas schildern, im Grunde ein religiöses Phänomen waren, zeigt sich klar durch die immer wieder betonte Beziehung zur Odins-Religion. Die Römer allerdings haben davon kaum etwas begriffen. Sie benannten – nach ihrer Weise, fremden Göttern die Namen der eigenen zu geben – den Gott Wodan mit dem Namen Merkur. Die Verwandtschaft zwischen den beiden Göttern war allerdings gering. Merkur war ein Gott der Wege und der raschen »beflügelten« Bewegung, das war wohl die einzige Ähnlichkeit. Aber ein besserer Vergleich ließ sich offenbar nicht auftreiben, die absolute Eigenart des nordischen Gottes fand keinerlei Entsprechung im Kreis der alten westindogermanischen Götter, aus dem die römischen stammten. In den Heldenliedern und Sagas aber ist der Gott im Schlachtgewühl gegenwärtig, man kann ihn erspähen, wenn man durch die Beuge des Arms sieht:

> »Senke den Blick!
> Sieh durch den Arm mir!
> Segne dein Auge
> Mit dem sieghaften Zeichen,
> Willst du erschauen
> Den Schlachtenlenker,
> Auf hohem Rosse,
> Mit hellem Schilde!«[22]

Er gibt den Sieg, wem er will und nicht immer seinen auserwählten Lieblingen. Manchmal wirft er seinen Speer übers Gegnerheer, dann werden die Feinde alle erschlagen werden, manchmal aber erhebt er auch die Waffe plötzlich gegen den Helden, der sich ihm geweiht hat. Siegen oder Sterben »beides schien ein glückliches Los«, erklärt Snorri. »Sie jauchzten vor Wonne in der Schlacht, als ob sie voll Ruhm und Glück aus dem Leben scheiden würden«, sagt Vabrius Maximus von den Kimbern. Man weiht die Feinde dem

Gott, aber man weiht auch sich selbst, das heißt: Als durch die Waffe Getöteter zieht der Mann ein in das Glanzreich des Gottes, in die Walhall, wo die Walküre ihn mit dem Metttrunk der Glückseligkeit empfängt, ebenso aber kommen dorthin auch alle die Feinde, die man erschlagen hat. Denn der Gott sammelt Streiter für den letzten Kampf gegen die finsteren, zerstörenden Mächte, die eines Tages die Welt überfallen werden. Freund und Feind werden in Odins Halle teilhaben an dem alltäglichen Spiel der Speere und Schwerter, durch das die Kämpfer ihre Kräfte für den Endkampf stählen. Die Todesverachtung, die aus vielen Liedern spricht, ist nur möglich, wo der Glaube an dieses Einziehen in Odins Saal noch ungebrochen vorhanden ist. Da, wo dieser Glaube zerbröckelt – was in der Spätzeit des öfteren deutlich geschieht –, tritt dafür die stolze Bejahung des Schicksals ein, »keiner sieht den Morgen, wenn die Norne sprach«.

Auch die – für uns abstoßenden – Opferbräuche müssen von dieser Seite aus gesehen werden. Für die nordische Bronzezeit gibt es kaum Zeugnisse für das Opfern von Menschen, nur Tieropfer sind belegt. Freiwillige Selbstopfer Einzelner dürften vorgekommen sein, wo das Heil der Gesamtheit es zu verlangen schien[23]. Menschenopfer in größerem Umfang wurden aber erst gebracht, nachdem Odin in den Norden eingezogen war. »Es ist ein heiliger Brauch«, sagt Tacitus (c 9), »ihm (d.h. dem Merkur, also Wodan) an bestimmten Kulttagen selbst Menschenopfer darzubringen, den Herkules (Donar) und Mars (Ziu) versöhnen sie mit den dazu bestimmten Tieren.« Es sind vor allem Hängeopfer, die dem Gott dargebracht werden.

In späterer Zeit sind es rechtskräftig Verurteilte, die man hängt, davon erzählt auch Tacitus. Aber schon von den Kimbern wird berichtet, sie hätten nach der siegreichen Schlacht gegen Marius und Caeprio nicht nur die ganze Beute, Gold und Silber, in den Fluß geworfen und die Rosse ertränkt, sondern auch alle Gefangenen gehängt (sicherlich ging dem ein Gelübde und eine Weihung an den Gott voraus). Immer wieder berichten die römischen Schriftsteller, zum Beispiel Claudius Jordanus und andere, von der Opferung Kriegsgefangener durch Erhängen.

Nach der Schlacht im Teutoburger Wald allerdings sollen die römischen Offiziere »an Altären geschlachtet« worden sein, und nach dem Sieg der Kimbern und Teutonen in der Schlacht von Arausio schnitten grauhaarige Priesterinnen den Gefangenen die Kehlen durch und ließen das Blut in ein großes Opfergefäß rinnen, aus dem sie dann weissagten. Dies wird von manchen Forschern den keltischen Hilfsvölkern zugeschrieben, um die Germanen zu entlasten. Wie dem auch sei, wir dürfen auch hier nicht vergessen, daß jene Zeiten eine andere Einstellung zu Blut und Tod hatten als die unsere und daß die Grausamkeiten der Römer, die *ohne religiösen Hintergrund* verübt wurden, mindestens ebenso »barbarisch« waren wie die Opferbräuche ihrer Gegner. Es war immer der Gott Odin-Wodan, dem die Gefangenen ebenso wie die in der Schlacht gefallenen Feinde geweiht, also zugesandt wurden. Daß auch schon von den Kimbern

*Menschenopferdarstellung auf dem berühmten Gundestrup-Kessel.
Das Opfer ist dem Kriegsgott geweiht.*

Bronzener Odin vom schwedischen Linby. links: Silberanhänger aus dem 6. Jh. mit Walküre, die ein Trinkhorn überreicht. (Fundort Schweden)

und Teutonen solche Opferungen berichtet werden, zeigt meines Erachtens, daß der Einzug des Wut-Gottes mindestens *vor* dem 2. Jahrhundert v. Chr. erfolgt sein muß. Denn auch die Steppenreiter opferten Kriegsgefangene. Von den Skythen berichtet Herodot, daß jeder hundertste Gefangene dem Kriegsgott (dem Mars, wie Herodot ihn nennt), den ein aufgerichtetes Schwert symbolisierte, geopfert wurde.

Herodot sagt von den Skythen, daß sie vor allem Pferde opferten. Laut Tacitus brachten germanische Stämme sämtliche Beutetiere einer Schlacht dem »Mars und Merkur« (also Ziu-Tyr und Wodan-Odin) dar. Die Hermunduren opferten alle Pferde und Menschen der besiegten Chatten, auch von den Alemannen werden Pferdeopfer berichtet. Aber auch bei Götterfesten war nun das Pferd *das* Opfertier anstelle des Stieres, der an den großen Festen der Bronzezeit geschlachtet wurde. Nach Dietmar von Merseburg wurden in der Spätzeit noch an den großen Götterfesten zu Leire, dem Königssitz der Dänen, alle neun Jahre im Januar je 99 Pferde geopfert.

War einst der Stier das Vertretungstier des indogermanischen Himmelsgottes gewesen, so vertrat jetzt das Pferd den stürmenden Wuote, der mit seinem achtbeinigen Roß Sleipnir wie verwachsen erscheint. Als Reiter wird er zumeist dargestellt, als Schimmelreiter jagt er der Wilden Jagd oder dem Zug der maskierten »Ekstatiker« voraus. Mit seinem Erscheinen wird das Pferd zum Opfertier.

Zwar wurden die kleinen Widpferde des Nordens bereits in der Jungsteinzeit gelegentlich geritten. Die oft gehörte Behauptung, die Schnurkeramiker hätten um 2000 v. Chr. »das Pferd« aus dem Osten in den Westen und Norden Europas gebracht, entbehrt jeder Grundlage. Schon in Megalithgräbern haben sich mitbeigesetzte Pferde gefunden, auf Felsritzungen sieht man mehrfach Reitergestalten, und in Megalithlegenden erscheint der Reiter auf dem weißen Lichtpferd. In der Bronzezeit gab es bei den größeren Heiligtümern Rennbahnen für Pferde- und Wagenrennen, und die beiden Sonnenpferde, die den Wagen des Lichtgottes ziehen, erscheinen überall auf Gebrauchsgegenständen oder an den Giebeln der Häuser.

Aber nun – in der späten Eisenzeit – tritt das Pferd als Reit- wie als Opfertier ganz in den Vordergrund. In den Schlachten der Germanen fällt jetzt der Reiterei eine bedeutende Rolle zu, während die Streitwagenformationen der Vergangenheit angehören. Die lange Reiterhose der Ostvölker, die die Kelten von den Skythen erhalten haben sollen, tritt auch bei den Germanen auf; man sieht sie auf allen Darstellungen der Römer, die germanische Abordnungen oder Gefangene zeigen. Sogar die Frauen sollen sie gelegentlich getragen haben. Die Namen, die die Silbe mar=Mähre, Pferd enthalten, treten gleichwertig neben die mit Wolf oder Bär gebildeten.

So läßt sich auf manchen Gebieten der Einfluß eines Reitervolks vermuten. Einiger Sitten ist in diesem Zusammenhang noch zu gedenken, die mit Sicherheit aus dem Osten stammen, wann immer auch die Germanen sie übernommen haben mögen.

Zu Kopfjägern wie die Kelten sind die Germanen nicht geworden; sie haben nur Pferde-, nicht aber Menschenschädel unter ihre Dachgiebel genagelt. Doch die von Herodot so ausführlich geschilderte Sitte der Skythen, die Totenschädel erlegter Feinde zu Trinkschalen zu verarbeiten, findet sich ebenso bei den Germanen der Völkerwanderungszeit. Eine ausschlaggebende Rolle spielt sie zum Beispiel in der Geschichte des Langobardenkönigs Alboin: Er hatte aus dem Schädel des durch ihn getöteten Gepidenkönigs eine Trinkschale fertigen lassen und zwang bei einem Gastmahl seine Gemahlin Rosimund, die Tochter eben jenes Königs, aus dem Schädel ihres Vaters zu trinken. Daraufhin ließ sie ihn mit Hilfe seines Schildträgers töten. Offenbar hatte sie also die Zeremonie als schwere Kränkung empfunden. Es wird aber auch sowohl von Skythen als auch von Germanen berichtet, daß sie aus den Schädelschalen der eigenen Vorfahren tranken, um so eine innige Verbindung mit den Abgeschiedenen herzustellen.

Stark nach Osten weisen ebenso die Bestattungsbräuche der Wikingerzeit. Die asiatischen wie südrussischen Reitervölker setzten ihre Vornehmen und Könige ebenso wie die Hallstattleute in reich ausgestatteten Körpergräbern unter großen Hügeln, den »Kurganen«, bei. Die Germanen dagegen waren seit der Bronzezeit gewohnt, ihre Toten zu verbrennen. Dabei wurden die Dinge, die man dem Verstorbenen mit ins Jenseits zu geben wünschte, mit verbrannt. Auf riesigen Scheiterhaufen ging alles in Flammen auf, was dem Toten das Leben in den Gefilden jenseits dieser Erde schön und lebenswert machen sollte. Die Todesfahrt Baldrs mit seiner Gattin Nanna auf einem brennenden Schiff ist möglicherweise auch hie und da nachgeahmt worden. Die späteren Schiffsgräber, in denen die Toten in Schiffen unter Hügeln beerdigt wurden, scheinen davon zu zeugen. Aber nun, in dieser Spätzeit, gibt es neben Brandbestattungen auch wieder Körpergräber. Und jetzt ist ein Vergleich mit den Kurganen möglich, denn die Brandgräber enthalten nur wenig, was Schlüsse auf Lebensumstände und Rang des Toten oder die Beerdigungszeremonien zuließe.

Die Königsgräber der Ostvölker enthielten stets eine prachtvolle Ausstattung des Toten fürs Jenseits, aber die germanischen des 8. und 9. Jahrhunderts n. Chr., vor allem die Schiffsgräber am Oslofjord in Norwegen, standen ihnen darin in nichts nach, das berühmte Grab der Königin Aasa übertrifft sie sogar. Was bei skythischen Gräbern aber besonders auffällt, ist die für unser Gefühl abstoßende Sitte, dem Toten auch einen Teil seiner Dienerschaft, Männer und Frauen, mitzugeben, damit sie ihm im Jenseits weiter dienen konnten. Auch die Gattin scheint oftmals ihrem Herrn in den Tod gefolgt zu sein. Herodot beschreibt ausführlich das Begräbnis eines skythischen Oberkönigs, dessen Leiche einbalsamiert, zuerst bei allen Völkerschaften, die ihm untertan gewesen waren, herumgefahren, dann am vierzigsten Tag nach dem Tode beerdigt wurde, wobei man ihm eine Nebenfrau, Köche, Diener und Mägde ins Grab mitgab. Nach einem Jahr wurden dann fünfzig junge

Gefolgsleute, die den Trauerzug begleitet hatten, erwürgt und fünfzig der edelsten Pferde aus dem Besitz des Toten ebenfalls getötet, einbalsamiert und auf Gestellen rund um das Grab her aufgebaut, die Leichen der fünfzig Jünglinge darauf befestigt, und so hielt nun der Reigen der Gefolgsleute die Wache am Grab des Verstorbenen.

Sitten dieser Art erwarten wir bei den Germanen nicht, sie gehören ausgesprochen dem Osten zu. In der Bronzezeit findet sich keinerlei Spur von ihnen im nordeuropäischen Kulturkreis.

Wohl aber hatte diese makabre Sitte später, wann wissen wir nicht, die Germanen erreicht und wurde auch von ihnen, wenn auch in weit bescheidenerem Umfang, gepflegt. Vor allem in Schweden, aber auch in Norwegen haben sich Zeugnisse für diesen Brauch gefunden. Immer ist dabei eine Frau, die den hohen Herrn oder die Herrin in den Tod begleitet. Neben der auf ihrer Luxusjacht im Oseberghügel aufgebahrten Königin Aasa, die eine grazile, zart gebaute Frau gewesen war, aber, wie es heißt, ihr Reich »mit starker und fester Hand« regiert hatte, lag die Leiche einer viel älteren Frau, sicherlich einer der Königin eng verbundenen Dienerin, vielleicht ihrer Amme, die ihre Herrin nicht allein in Jenseits gehen lassen wollte.

Denn die schriftlichen Zeugnisse, die wir für diesen Brauch haben, bestätigen alle, daß dies Begleiten in den Tod, mindestens bei den Germanen, ein freiwilliger Akt der Liebe und Treue war. Ibn Fadhlan, ein zum Islam übergetretener, hochgebildeter Grieche, der dem Kalifen von Bagdad als Gesandtschaftssekretär diente, hat in seinem Reisebericht eine ausführliche Schilderung des Begräbnisses eines Warägerfürsten irgendwo an der Wolga hinterlassen. Die Reise fand 921/922 statt. Die Waräger waren, wie schon gesagt, Schweden, die in Rußland (das nach ihrem Anführer Rus so genannt wurde) ein großes Reich gegründet hatten. Nach dem Tod dieses Warägerfürsten wurden seine Dienerinnen gefragt, wer mit ihm in den Tod gehen wollte. Ein junges Mädchen, das vielleicht die Geliebte des Fürsten gewesen war, meldete sich. Der Bericht schildert ausführlich alle die Zeremonien, die erfolgten, bis das Mädchen, das von allen Trauergästen Dankesbezeugungen empfing, von einer alten Frau, die man den »Todesengel« nannte, erwürgt, neben den Toten gelegt und mit ihm in einem Schiff verbrannt wurde. Auch Pferde und ein Hund wurden getötet und den Flammen übergeben.

Auch andere arabische Reisende berichteten davon, daß die Warägerhäuptlinge im Tode entweder von ihren Frauen, die »eifrig wünschten, mit ihren Männern eingeäschert zu werden«, oder von einer Favoritin begleitet wurden[24].

Ein Zeugnis für den Brauch bietet auch die *Lieder-Edda*. In dem »Jüngeren Sigurdlied« (Sigurdarkvidha en skamma) fragt Brünhild, die sich selbst den Tod gibt, »schwertwund« ihre Dienerinnen, wer mit ihr sterben wolle, und verspricht dafür »Kleinode viele und minderes Gut, goldenes Schmuckstück, Tuch und Linnen und lichte Kleider«. Die Mägde überlegen, geben aber dann zur Antwort: »Tot sind genug, wir trachten zu leben. Dienerinnen nicht drängt's nach

91

Ruhm.« – »Ich will, daß niemand genötigt und ungern mir zuliebe vom Leben scheide«, antwortet Brünhild, »doch werden dann wenig Schätze mit eurem Gebein brennen, wenn ihr einst kommt, mich (im Jenseits) zu besuchen.« Man sieht, wie fest in der Zeit, in der die *Eddalieder* gedichtet wurden, noch der Glaube daran war, daß die Schätze, die mit einem Toten verbrannt wurden, ihm im Jenseits gehören und dienlich sein würden. Dem Schluß eines anderen Liedes »Gudruns Trauer« (Gudrunarkvidha) sind einige Prosazeilen angefügt, in denen berichtet wird, daß acht Knechte und fünf Mägde getötet und Brünhild auf dem Scheiterhaufen beigegeben wurden. Dies ist hier das einzige vorhandene Zeugnis für eine Totenbegleitung durch *mehrere* Bedienstete und auch durch »Knechte«, also Männer. Doch ist diese Prosabemerkung dem Lied später angefügt worden und soll möglicherweise nur die Großartigkeit, mit der Brünhilds Bestattung vor sich ging, ins rechte Licht setzen. Im allgemeinen wurden offenbar Fürstinnen wie Fürsten im germanischen Norden nur von *einer* Frau oder *einem* Mädchen in den Tod begleitet.

Aber alle diese Zeugnisse stammen aus späterer Zeit, etwa aus den Jahren zwischen 900 und 1100 n.Chr. Damals hatte Schweden nämlich sehr vielfältige und weitreichende Beziehungen zum Osten. Es ist somit durchaus möglich, daß der besprochene Brauch erst in dieser Zeit in die germanischen Länder eindrang. Die südlicheren, nicht skandinavischen Germanenstämme sind sowieso nie von ihm berührt worden.

Trotzdem sind aber die Ähnlichkeiten zwischen gewissen Bräuchen der Steppenvölker und denen der Nordgermanen so zahlreich, daß an schon frühere Berührungen der Völkerschaften gedacht werden muß. Sollte wirklich auch der Norden Europas den Einbruch eines Steppenvolkes in sein Gebiet erlebt haben und sollten diese Krieger aus dem Osten geblieben sein und sich mit der ansässigen Bevölkerung vermischt haben, so müßte sich das wohl auch in der Sprache des betreffenden Raumes zeigen. Ich kann nicht beurteilen, ob sich in der germanischen Sprache, im Wortschatz oder in der Grammatik, solche Einflüsse finden lassen. Das zu ergründen wäre die Aufgabe eines Sprachforschers. Ich möchte aber hier einen Passus aus Martin Nincks Wodan-Buch anfügen, den ich schon in meinem Buch *Götter am Morgenhimmel* angeführt habe, der aber so aufschlußreich ist, daß er auch hier nicht fehlen darf.

Ninck schreibt[25]: »Der furor teutonicus, der schon die Römer und viele Völker nach ihnen erzittern machte, hat also seine seelisch-religiösen Hintergründe. Denn seine Wurzel liegt in der Ekstase, und sein Ziel ist die Vereinigung mit dem Kriegsgott Wodan-Wutherr... Müssen wir annehmen, daß sich die genannte Berserkeranlage in Maßen auch schon bei den Indogermanen (den Ahnen der Germanen, B.V.) fand, die nach Süden abgewanderten Stämme sie erst in geschichtlicher Zeit mehr verloren, die Germanen dagegen sie *in ihren nördlichen Sitzen erst voll entfalteten,* so wird das durch die lautliche Entwicklung der germanischen Sprache bestätigt.

Denn es liegt nun nahe, jene merkwürdige Wandlung, die die sprachliche Sonderart des Germanischen erst in Erscheinung treten ließ und die unter dem Namen der ersten Lautverschiebung (um die Mitte des ersten vorchristlichen Jahrtausends) bekannt ist, mit einer stärker aufbrechenden Welle kriegerischen odrs, die im Volkscharakter deutliche Spuren zurückließ, in Zusammenhang zu bringen. Besteht doch das Wesen dieser Verschiebung darin, daß die wichtigsten Laute am Wortanfang, am Schluß, aber auch im Innern mit mehr Explosionskraft hervorgestoßen werden. Aus Verschlußlauten werden Zisch- und Reibelaute, aus einem t, um nur Haupttatsachen zu nennen, ein engl. th, aus p über ph und pf ein f, aus k über kch ein ch und c. Die alten b, d, g verhärten sich zu p, t, k. Fügen wir noch hinzu, daß auch die Anfangsvokale im Gegensatz etwa zum heutigen Französischen mit einem deutlichen Vorhauch eingesetzt und daß die schwebende indogermanische Betonung auf die Anfangssilbe (d. h. auf den Stamm, er ist aber fast immer Anfangssilbe) zurückgezogen wurde, so sehen wir: gegenüber dem weicheren Idiom des Ahnenvolkes gewann das Germanische mehr Festigkeit, Wucht (dies vor allem durch die Anfangsbetonung und den schärferen Einsatz), zugleich aber mehr Spannungsdichte, Explosionskraft, Luftstrom und Brandungsschwere. Wie kaum eine Sprache fand sie sich danach geeignet, gleichzeitig inneren Wallungen starken Ausdruck zu geben und alle Arten von Naturgeräuschen, das Windesbrausen, das Zischen des Gluthauches, das Wogen des Wassers schallnachahmend darzustellen. Wie keine andere hat sie denn auch für Geräusche und Töne eine schier unerschöpfliche Fülle von Wörtern ausgebildet.«

Erstaunlich ist hierbei, daß Ninck alles dies schrieb, ohne auch nur im geringsten an eine Einwirkung von außen zu denken. Er, der Wodan für eine »Schöpfung der Germanen« hielt, kam nicht auf den Gedanken, daß »jene merkwürdige Wandlung, die die Sonderart des Germanischen erst in Erscheinung treten ließ«, kaum erklärbar sein kann, ohne die Annahme eines besonderen, wandelnden Ereignisses in der Geschichte des Nordens. Wie sollten die Germanen denn dazu gekommen sein, plötzlich ohne jeden Grund ihre Sprache so wesentlich zu verändern? Muß da nicht etwas geschehen sein? Ninck selbst setzt ja diese Wandlung in direkte Beziehung zu dem Wutherren Wodan. Wie aber hätte es zu dieser Wandlung kommen können, hätte Wodan schon zur Zeit des »Ahnenvolkes« mit dem »weicheren Idiom« im Norden geherrscht? Paßt nicht gerade die Wandlung zum harten, ausdrucksstarken Germanischen wie die Steigerung des »furor«, der kriegerischen Härte, und dem Schweifensdrang außerordentlich gut mit dem Erscheinen der ekstatischen und dabei tiefsinnigen Odins-Religion zusammen?

6.

Ostindogermanisches in der Edda

Eine ganz erstaunliche Verwandtschaft zwischen indoarischen, also ostindogermanischen, und in den
isländischen *Edden* aufgezeichneten Mythen ist ebenfalls festzustellen. Hiermit hat sich vor allem J.W.
Hauer beschäftigt. Hauer war Indologe und Religions-
forscher, er hat jahrelang in Indien gelebt, mit Brahma-
nen verkehrt, kannte die altindischen Götterlieder, die
Veden, zum Teil auswendig, lehrte später an der
Tübinger Universität neben vergleichender Religions-
wissenschaft auch Sanskrit, war aber gleichzeitig der
beste Kenner der altnordischen Überlieferungen und
Sprache und hat in der Deutung der *Edden* Hervorragendes geleistet. Er war der rechte Mann dazu,
Vergleiche zwischen der indoarischen und der germanischen Überlieferung anzustellen.

Das Sanskritwort Veda bedeutet »das Wissen, die
Kenntnis«[26]. Es ist das Wissen um die Lieder und
Göttermythen der Indoarier, das hier bereits Ende des
2. Jahrtausends v. Chr. formuliert und – ähnlich wie
sehr viel später die Skaldenlieder des europäischen
Nordens – von Generation zu Generation wörtlich
weitergegeben und dann auch aufgeschrieben wurde.

Die Indoarier waren Ostindogermanen, sie entstammten dem großen Kreis der (von deutschen Sprachforschern) so genannten »Satem«-Völker. Ostindogermanisch »Satem« und westindogermanisch »Kentum« bedeutet jeweils »Vieh«. Die beiden Wörter wurden gewählt, um die verschiedene Entwicklung der beiden Sprachen zu kennzeichnen. Der Unterschied zwischen den östlichen und den westlichen Indogermanen, der nicht nur die Sprache, sondern auch die Götterwelt, Sitten und Mentalität betrifft, ist so schwerwiegend, daß er selbst dem Laien, der sich nur ein wenig mit den indogermanischen Völkern der Frühzeit befaßt, auffallen muß. Das Wissen darum, daß der ostindogermanische Völkerkreis einmal eine geschlossene Einheit gebildet und eine von den Westindogermanen, den »Alteuropäern«, gesonderte Entwicklung gehabt haben muß, kann mithelfen, die Völkerbewegungen der schriftlosen Zeiten richtig zu erkennen. Fehltheorien wie die »Kurgan-Leute-These« wären nicht möglich gewesen, hätte man die Unterschiede »Satem« und »Kentum« beachtet.

Es ist möglich, daß sich alle ostindogermanisch sprechenden Völker einmal »Arier« (d. h. »die Vornehmen«, »die Hohen«) genannt haben, denn die Wörter »Iran«, »Iranier« stammen ja aus derselben Wortwurzel. Diese Völker haben sich während der Jungsteinzeit sehr weit nach Osten vorgeschoben, nach Asien hinein, wo sie damals noch fruchtbaren Ackerboden fanden. Sie waren allesamt Ackerbauern und nahmen erst allmählich, durch die Versteppung ihrer Länder gezwungen, zum Teil nomadische Lebensweise an.

Vor allem die große Dürre- und Trockenzeit im 3. Jahrtausend v. Chr. brachte viele der Stämme und Völker in Bewegung. Damals zogen manche von ihnen in den Iran und weiter, in der Gegend von Kiew beheimatete Stämme kamen sogar bis China und siedelten dort in weiten Gebieten. Die Indoarier erreichten Indien erst im Lauf des 2. Jahrtausends v. Chr.

Die Veden der Indoarier gehören zum ältesten überlieferten Schrifttum in indogermanischer Sprache überhaupt. Natürlich ist hier der zeitliche Abstand zu den germanischen Überlieferungen, die erst im 12./ 13. Jahrhundert *nach* Chr. aufgeschrieben wurden, ebenso groß wie der räumliche zwischen Indien und Island. Um so merkwürdiger mutet die oft verblüffende Ähnlichkeit, ja Übereinstimmung einiger Lieder des *Rigveda*, des ältesten Teils der Veden, mit den in den *Edden* niedergelegten germanischen Überlieferungen an.

Hauer hat hier vor allem den Ymir-Mythos der *Edden* in den Mittelpunkt seiner Vergleiche gestellt. Der Mythos ist in der *Lieder-Edda* kurz dargestellt, in der *Prosa-Edda* Snorris weiter ausgeführt wiedergegeben. Der Urriese Ymir entstand am Anfang aller Zeiten aus der Polarität von Nässe beziehungsweise Eis und Feuer, die Urkuh Audhumbla ernährte ihn, als Zwitter brachte er das Geschlecht der Riesen aus sich hervor, dann wurde er durch drei junge Götter, deren Ahnen die Kuh »aus dem Stein geleckt« hatte, erschlagen – »gefällt«, wie Snorri es ausdrückt –, und sie füllten mit seinem Fleisch und Blut Ginnungagap, den gäh-

nenden Abgrund des Nichts, aus und schufen daraus
die Welt. Dieser seltsame, überaus urtümliche Mythos,
der voller uns nicht mehr verständlicher Symbole
steckt, hat nun im indoarischen *Rigveda* eine, wenn
auch ins Philosophische erhobene Parallele. Hauer
führt in diesem Zusammenhang ein Weltursprungslied (*Rigveda* X, 129) an und sagt dazu[27]: »Wie
gleichartig diese alten Überlieferungen (die germanische und die indoarische, B.V.) gewesen sein müssen,
läßt sich noch an dem... Weltursprungslied des
Rigveda zeigen. Es enthält dieselben Grundzüge wie
die nordische Überlieferung, nur sind diese Grundzüge von einem bedeutenden Dichterphilosophen verarbeitet, während wir in der nordischen Überlieferung
noch die mythische Form haben.«

Am Anfang der *Völuspá*, dem »Gesicht der Seherin«,
dem bedeutendsten der *Edda*-Lieder, stehen die Zei-
len (die übrigens noch zu Anfang des vorigen Jahrhunderts in Island mit einer ganz einfachen und
darum geradezu magisch wirkenden Melodie gesun-
gen wurden):

»In der Urzeit war's,	Nicht Erde war
da Ymir lebte.	noch hoher Himmel,
Nicht war Sand	Ginnungagap war,
Noch salz'ge Woge.	doch Gras nirgend.«

In der Übersetzung von Felix Genzmer heißt es:
»Gähnung grundlos, doch Gras nirgends.«

Dem gegenüber steht der Anfang des Weltur-
sprungsliedes des *Rigveda* (in Hauers Übersetzung):

»Nicht war Nichtsein (im Uranfang), noch war Sein,
Nicht war der Luftraum, noch der Himmel,
der sich darüber spannt.
Was umhüllte ringsum? Wo?
In wessen Hut war der Urwassernebel?
Was war der gähnende Abgrund?«

Hier steht also ein engverwandtes Wort für dieselbe Sache – den »gähnenden Abgrund«.

Weiter schreibt Hauer[28]: »Die seltsame Vorstellung, daß aus dem göttlichen Urwesen die Welt gebaut wird, tritt uns wiederum im weiteren arischen Bereich entgegen, und zwar in erster Linie in Indoarien, dann im Iran. Die indoarische Überlieferung ist besonders klar, denn diese ist gefaßt in einem großartigen Liede, dem sogenannten *Purusa*-Lied, *Rigveda* X,90 = Atharvaveda 6 (ich folge der Atharva-Rezension, da diese nach meiner Meinung die ältere Form bewahrt hat). Der Name des dort besungenen Urwesens, aus dem die Welt gebaut wird, ist purusa, wörtlich ›der Mann‹ oder ›der Mensch‹. Das erinnert durchaus an das eddische ›manns likandi‹.« In diesem Lied heißt es zum Beispiel Strophe 8:

»Aus dem Nebel ward der Luftraum,
Aus dem Schädel entrollte sich der Himmel.
Aus den Füßen ward die Erde,
Aus den Ohren wurden die Himmelsrichtungen,
So schufen sie die Welten.«

Dem entspricht die eddische Ymirüberlieferung. Da heißt es in den *Vafprudnismál* Strophe 21[29]:

»Aus Ymirs Fleisch
Ward die Erde geschaffen,
Aus dem Gebein das Gebirg,
Der Himmel aus dem Schädel
Des schneekalten Riesen,
Die Brandung aus dem Blut.«

oder ähnlich in *Grimnismàl* 40/41:

»Aus Ymirs Fleisch
Ward die Erde geschaffen,
Aus dem Blute das Brandungsmeer,
Das Gebirg aus den Knochen,
Die Bäume aus dem Haar,
Aus der Hirnschale der Himmel.«

Auch im indoarischen *Purusa*-Lied sind es junge
Götter, die das im Anfang entstandene Urwesen töten,
um mit ihm den Abgrund des Nichts zu füllen und die
Welt aus ihm zu schaffen. Doch ist hier klar, daß es sich
um eine Opferung handelt. Das Urwesen muß geopfert werden, damit die Welt entstehe. So heißt es da
Strophe 40:

»Als mit dem Purusa als Darbringung
Die Götter einst das Opfer ausspannten,
Da ward der Frühling das Opferschmalz,
Der Sommer Brennholz und der Herbst der Opferguß.
Mit dem Frühregen besprengten sie das Opfer,
Den im Uranfang geborenen Purusa.
Mit ihm opferten die Götter,
Die Gewaltigen, die Mächtereichen.«

Hier wird also deutlich von der Opferung des Purusa gesprochen, während in der *Edda* Ymir »erschlagen« wird. Doch kann das nordische Wort »drepa« auch ein sakrales »Fällen«, also die Tötung eines zum Opfer Bestimmten, bedeuten. So ergänzt und erläutert die indische Fassung des Mythos die germanische.

Ymir entspricht laut Hauer sprachgeschichtlich dem indoarischen Yama und dem iranischen Yima. Auch diese sind Götter des Anfangs. Das Wort bedeutet Zwilling oder Zwitter. Dem Ymir wachsen unter dem Arm ein Mann und eine Frau, er ist damit als mann-weibliches Wesen, als Zwitter, gekennzeichnet.

Auch die Urkuh, die in der *Edda* Authumbla heißt, Sinnbild und Tiergestalt der nährenden Erdmutter, findet sich in der altindischen Überlieferung. Hauer schreibt[30]: »Am eindrucksvollsten ist diese Gott-Mut-termacht in der mythischen Form der Kuh wiederum im Indoarischen gestaltet. Sie erhält dort als kosmische Macht den Namen Viràj. Dieser Name. . . bedeutet ›die weithin Herrschende‹ oder auch ›die weithin Erstrah-lende‹. Im *Atharvaveda* haben wir ein paar prachtvolle und phantasiereiche, aber auch sehr tiefsinnige Lieder über diese Urkuh Viràj. . . Dort wird erklärt, daß im Anfang das Weltall die viràj war. Sie steigt hervor aus dem Urgrund, geht ein in das schöpferische Opferfeu-er (nach indoarischer Auffassung ist ja Opfer über-haupt die schaffende Urmacht); dann schreitet sie weit aus im Weltenäther. . . Die viràj ist die Energiemacht, die alles durchdringt, die Leben und Sterben, Tod und Todloses ist und schafft. Aus ihr kommen die Götter, von ihr melken alle Wesen Kraft. . . So wird viràj die mütterliche, schaffende und nährende Urmacht, die zunächst in der mythischen Form der Kuh angeschaut und gestaltet wurde, dann in priesterlich-philosophischer Spekulation als Quelle der Lebensmacht überhaupt erfaßt.«

Aus alledem ergibt sich: Was in der so spät niedergeschriebenen *Edda*-Überlieferung noch – ihm wahren Sinne des Worts – primitive, mythische Schau ist, wurde von den Priestern der Indoarier schon um 1000 v.Chr., tiefsinnig spekulierend, gedanklich ausgebaut und weiterentwickelt. Eine seltsame Sache, die Rätsel aufgibt.

Aber Hauer war nicht der einzige, dem die Ähnlichkeiten und Übereinstimmungen zwischen den Liedern der *Edda* und denen der *Veden* aufgefallen sind. Kürzlich hat der Indogermanist Dr. Norbert Oettinger, Professor an der Universität Augsburg, in einem Vortrag »Isländische Edda und indische Veden. Ein mythologischer Vergleich«[31] etwas ganz Ähnliches unternommen wie Hauer etwa 50 Jahre zuvor. Hier handelt es sich um den Vergleich zwischen den Göttern Thor und Indra (darüber wird später noch mehr zu sagen sein). Oettinger spricht ganz allgemein von typologischen Übereinstimmungen und besonderen stilistischen Gemeinsamkeiten zwischen der *Edda* und den *Veden*, wobei er besonders die kurze, fast listenartige Aufzählung von Heldentaten anführt, die sich in beiden Literaturen *nur* bei den Göttern Thor beziehungsweise Indra findet. Er vergleicht Skaldenlieder mit Hymnen aus dem *Rigveda*, die in dieser Hinsicht erstaunlich parallel laufen. Noch größer sind die Übereinstimmungen in der Bewaffnung, den Eigenschaften und Eigenheiten der beiden Götter – sie sind zum Beispiel gewaltige Esser, und dies wird in den *Edda*liedern wie in den *Veden* vom Dichter mit dem gleichen Vergnügen hervorgehoben. Aber auch die Taten der beiden Götter, die Zahl der Helfer, die sie bei ihren Vollbringungen begleiteten, und ähnliches stimmen weithin überein. Ein zugrunde liegender gemeinsamer Mythos, das ist die Feststellung, die Oettinger am Schluß seines Vortrages trifft. »Wie zäh solche menschliche Tradition ist, das haben wir heute gesehen.«

Beide Forscher führen diese Übereinstimmung auf die Urverwandtschaft der indogermanischen Völker zurück.

Hauer schreibt[32]: »Wenn wir nun aber feststellen, daß eine ähnliche Überlieferung (wie in Indien) im Norden sich findet, so kann aus diesen Tatsachen, da eine gegenseitige Entlehnung völlig ausgeschlossen ist, gar kein anderer Schluß gezogen werden als der, daß wir hier eine Überlieferung vor uns haben, die bis in die Zeit zurückreicht, als diese Teilvölker noch einer Völkergruppe angehörten, die eine gemeinsame Überlieferung über die Weltentstehung hatte. Wir kommen damit in *urindogermanische Zeit* zurück.«

Und an anderer Stelle[33]: »Erstens haben wir aus dem Indoarischen Überlieferungen, die bis ins 2. Jahrtausend vor Ztr. zurückgehen, also der urindogermanischen Epoche näher liegen, als irgendeine andere indogermanische Überlieferung. Zweitens haben wir eine bäuerliche Dorfkultur ähnlich wie im germanischen Bereich, welche die alten Überlieferungen viel treuer bewahrt als irgendeine Stadtkultur, wie etwa die griechische. Und drittens ist in dieser ältesten indoarischen Überlieferung kein gewaltsamer Bruch, wie er etwa im Iranischen durch Zarathustra gekommen ist... Auch im Germanischen gab es vor der *Edda* keinen gewaltsamen Bruch. Aus diesem Grunde und aus der gleichartigen bäuerlichen Dorfkultur mit ihrer Treue gegenüber alten Überlieferungen ergibt sich, trotz weiter Entfernung in Raum und Zeit, oft eine überraschende Ähnlichkeit. Die aber berechtigt uns, Indoarisches zur Aufhellung von Germanischem heranzuziehen.«

Oettinger aber versucht, außer aus der Zugehörigkeit beider Gruppen zur »indogermanischen Sprachfamilie«, die Übereinstimmungen auch noch aus einer »gewissen Ähnlichkeit der gesellschaftlichen Voraussetzungen« zu erklären. »Es handelt sich hier wie dort um das, was man als Feudalgesellschaft von archaischem Typus bezeichnen könnte. Das bedeutet: teilweise Seßhaftigkeit, aber hohe Mobilität (in Skandinavien die Wikingerzüge, in Indien die teilweise wandernden Viehzüchtergruppen). Mit der Mobilität verbunden ist eine hohe Bereitschaft zu Beutezügen bzw. Kriegszügen. Dadurch wird der Primitivaristokratie als den Anführern solcher Unternehmungen ein bedeutender Einfluß gesichert. Die materielle Kultur ist gering, was mit dem Fehlen stadtähnlicher Siedlungen zusammenhängt. Diesem Mangel steht auf der anderen Seite eine hochentwickelte Dichtkunst gegenüber. Diese Dichtungen werden von berufsmäßigen Sängern bzw. Erzählern vorgetragen, und zwar an den Wohnsitzen des Kriegeradels. Dieses Publikum war naturgemäß in erster Linie an Schilderungen der großen Kriegs- und Heldentaten interessiert, also an Gedichten über Götter und Riesen oder Heroen der Vorzeit. . . Gerade die Götterlieder waren darüber hinaus aber auch für kultische Zwecke bedeutsam.«

Diese Feststellungen treffen zweifellos im großen Ganzen für die Indoarier, in geringerem Maß aber für die Germanen der Wikingerzeit zu, da bei letzteren die »stadtähnlichen Siedlungen« nicht fehlten, man denke an Haithabu, Birka, Jumne, Hernum usw. Auch die materielle Kultur war nicht so »gering«, wie landläufig angenommen wird, die Funde und Überlieferungen bezeugen das. Schon allein der Oseberg-Fund zeigt außer dem ganz hohen Stand der Schnitzkunst auch den reichen, ja luxuriösen Kulturbesitz der Oberklasse – allerdings handelt es sich hier um die Grabausstattung einer bedeutenden Frau und Königin. Doch scheinen auch die anderen Gesellschaftsklassen durch den weitgespannten Handel zu einer gewissen kulturellen Verfeinerung gekommen zu sein.

Die Beschreibung Oettingers gilt wohl mehr für die Germanen der Zeit vor den Wikingerzügen, jener Zeit, in der die Römer von dem Leben und den Zügen der germanischen Stämme berichten. Bedeutsam ist aber, daß die Feststellungen Oettingers überhaupt nicht für die Kultur der nordeuropäischen Bronzezeit gelten können. Und doch waren diese Bronzezeit-Nordleute ja die direkten Vorfahren der Germanen, sie hätten nach dem geltenden Entwicklungsschema eigentlich

Ein Pfosten (Schiffsgrab von Oseberg), der einen grimmigen Löwen darstellt

Eine Schmalseite des Oseberg-Wagens: (aus D.M. Wilson, »Kulturen aus dem Norden«)

primitiver sein, ihre Gesellschaft noch mehr den »archaischen Typus« zeigen und den Verhältnissen bei den Indoariern der Veden-Zeit mehr entsprechen müssen. Das ist aber nicht der Fall.

Die Mobilität, die sich später in so hohem Maß beobachten läßt, war hier gering. Man kann auch nur wenig »Bereitschaft zu Beutezügen« erkennen. Vor der Zeit der Naturkatastrophen herrscht Ruhe und Wohlstand im ganzen Norden, die Könige der Heiligen Insel regieren ein gut durchorganisiertes Reich, der Einfluß der Aristokratie ist sicherlich bedeutend, aber er schreibt sich nicht von der Führerschaft bei kriegerischen Unternehmungen her, sondern wahrscheinlich von der Größe des ererbten Besitzes. Die Kultur ist respektabel, wie die Funde zeigen, die Handelsbeziehungen ebenso weitreichend wie die der Wikinger, da die Seefahrt eine ganz hohe Stelle einnimmt. Die Sänger allerdings trugen, soweit wir wissen, am Königshof und den Adelssitzen auch damals Lieder über kriegerische Heldentaten und Göttergeschichten vor. Das ist aber der einzige Zug, der mit dem Bilde, das Oettinger zeichnet, übereinstimmt.

So zeigt sich auch hier wieder mit aller Deutlichkeit die Wandlung, die irgendwann im ersten Jahrtausend vorgegangen sein muß und die »gesellschaftlichen Verhältnisse« der Germanen denen der frühen Indoarier ähnlich gemacht hat. Es sind ganz offenbar *ost*indogermanische Verhältnisse, die Oettinger schildert. Auf die Skythen zum Beispiel würde die Beschreibung voll und ganz zutreffen, besser sogar als auf die Germanen des Tacituszeit. So stoßen wir immer wieder auf das rätselhafte Geschehen, das den Gott Wodan-Odin in den Norden Europas brachte und mit ihm und durch ihn die Verhältnisse dort veränderte.

Aber auch ihm selbst begegnen wir zuerst in den indoarischen *Veden*, dort erscheint er also lange vor seiner Ankunft im Norden. Es ist der Ekstasegott Vāta, der, mit dem Wode »namens- und wesensgleich,« uns in mehreren Liedern des *Rigveda* entgegentritt. Hauer[34] führt den Namen des Gottes auf ein indogermanisches *uato, abgeleitet von der Wurzel *uat (Dehnstufe uāt*), zurück. Diese Wurzel bedeutet »in gewaltiger innerer Bewegung sein, geistig angeregt sein« (vgl. Walde-Pokorny I 216). Sie steckt auch in lateinisch vates, »der Seher«, sowie in einer Reihe von keltischen Wörtern, die in die Richtung von Seher, Dichtung, Begeisterung weisen. »Bei dieser Erklärung ist es auch möglich, den alten indoarischen Vāta, dessen Verwandtschaft mit Wotan schon immer gesehen worden ist, als die indoarische Sonderform des alten urindogermanischen *uato zu erweisen. Denn dieses indoarische vāta entspricht dem gemeingermanischen wopa. Aber nicht nur die sprachliche Form, auch der ganze Charakter des Vāta, der mit Vaju, dem Sturmwind, und Rudra von wichtigen Quellen ineinsgesetzt wird, entspricht dem Charakter des Wotan-Odin, nur daß - da die Überlieferung des Vāta etwa 2000 Jahre älter ist als diejenige des Wotan-Odin – der große Gott noch auf dem Wagen fährt. Zu Reitern wurden die Götter fast durchweg erst. . . als die große Reiterbewegung durch die indogermanischen, wieder nach Westen

zurückwandernden Skythen überall in der indogermanischen Welt verbreitet wurde«. (Es ist seltsam, daß
Hauer, als er dies schrieb, nicht auf den so naheliegen-
den Gedanken kam, der Gott könnte durch eben
diese Reiterbewegung nach dem Westen und Norden
gebracht worden sein.)

Hier seien nun einige Verse des *Rigveda* zu Ehren
Vātas zitiert (in Hauers Übersetzung), die zeigen, wie
ähnlich sich die beiden Götter sind.

»Des Vāta-Wagens Hochgewalt wir preisen,
zerbrechend stürmt er, donnernd ist sein Schall.
Den Himmel streifend jagt er hin,
die Röten schaffend,
und wirbelt auf der Erde wild den Staub auf.

Auf seinen Pfaden stürmt er durch die Luft
Und rastet keinen einzigen Tag.
Der Wasserfreund, der Erstgeborene,
der Weltordnungwaltende –
Woher ist er geboren, von wo gekommen?«

(*Rigveda* X, 168)

In einem anderen Lied ist Vāta der Weistumskundige,
der heilt und Lebenskräfte gibt:

»Vāta soll uns den Gesundungstrank herwehen,
Heilkräftigen, unsern Herzen Freude schaffend
Er soll unser Leben mehren.

Du Vāta bist uns Vater,
Du bist uns Freund und Bruder,
Du sollst unser Leben schaffen.

110

Was dort in deiner Halle
An Unsterblichkeitstrank verwahrt ist,
Davon schenk uns ein zum Leben.«

(Rigveda X 186)

Auch dem Indoarier wird also in der »Halle« des Gottes
der Unsterblichkeitstrank gereicht wie dem Germanen.

In einem anderen Lied wird der Zug der Ekstatiker,
ihr Dahinfliegen, das dem der Wilden Jagd gleicht,
geschildert. Die »Begeisterten« werden auch Kesin,
»die Langhaarigen«, »die mit fliegenden Haaren« genannt.

»Die begeisterten Windgegürteten kleiden sich
in lehmfarbenes Rotbraun,
Sie stürmen auf des Windes Bahn,
wenn die Götter in sie eingegangen sind.
Sie singen:
›Begeistert durch Begeisterungskraft
haben wir die Winde bestiegen,
Der Sterbliche sieht nur unsere Leiber (die da sind),
nicht unseren Geist, der dahinstürmt.‹
Der Begeisterte fliegt durch den Luftraum,
alles Gestaltete beschauend,
Er ist als Freund zu gutem Werke
jedwedem Gott gesetzt.
Er ist des Vāta Roß, des Vaju Freund,
gottgetrieben ist er,
In beiden Meeren [dem östlichen und dem westlichen] haust er.

111

Der Langhaarige wandelt auf dem Pfad der
Götterfrauen, der Gandharven, der wilden Tiere.
Der Vāta, das innerste Geheimnis, er ist ein süßer
Freund voll heiligen Rausches.
Sturm quirlte ihm den geheimen Trank,
Als der Langhaarige aus dem Becher
die Wirkmacht zusammen mit Rudra trank.«
(Vāta und Rudra werden oft in eins gesetzt)
   (*Rigveda* X 136)

Hauer sagt dazu [35]: »Dieses Lied stammt aus der Zeit
um 1000 vor Ztr. Es könnte abzüglich einiger typischer
indoarischer Züge im Grundgehalt auch auf Odin,
sein wildes Heer und seine Begeisterten gedichtet
sein. Es trägt jene urtümlichen Züge im Zusammenhang mit dem Gott des gewaltigen Dranges und der
Begeisterung, auf die wir auch in der eddischen
Odinsgestalt zu unserem seltsamen Erschrecken stoßen.«
   Hier wird man an das erinnert, was der alte Crusius,
der Verfasser der *Schwäbischen Chronik,* im Jahre
1544 geschrieben hat: »In der Wilden Jagd ziehen alle
im Krieg gefallenen Krieger mit und alle Ekstatiker,
deren Seelen ausschweiften und nicht mehr in den
Körper zurückkehrten.«
   Auch die Walküren tauchen, wenn auch nicht unter
diesem Namen, bereits in den Vāta-Liedern auf:

»Ihm nach stürmen des Vāta Gleichgestalten
(also das ihm gleichgeartete wilde Heer)
Jungfrauen eilen ihm zu zum Schlachtentreffen,

Vereint mit ihnen auf dem Wagen fährt der Gott,
Der König dieses ganzen Weltalls.«

(Rigveda X 168)

Wir sehen: Im ostindogermanischen Bereich war der
Gott in allererster Linie Herr der stürmischen Ekstase,
dann aber auch der Bereiter des Unsterblichkeitstran-
kes und Überlieferer tiefster Weisheit.

Dies letztere ist er in weit höherem Maße noch in
den *Edden*. Er ist nicht nur Erzeuger der dichterischen
Begeisterung wie alles schöpferischen Dranges überhaupt, sondern auch der wandernde Gott, der überall
einkehrt, bei Königen, Riesen und Seherinnen immer
fragt und befragt wird, der das Wissen der Befragten
prüft und selbst uraltes Götterwissen darlegt, zweifellos auch der Herr der Einweihungen, bei denen der
Myste in die tiefsten Gründe letzter Erkenntnisse
eintauchte, sie nicht nur erfuhr, sondern *erlebte* und
als neuer gereifter Mensch aus diesen Tiefen wieder
emportauchte.

»Dieser ewige Wanderer«, sagt Hauer[36], »muß ebenfalls schon urindogermanisch sein, denn wir haben in
Atharvaveda XV, 1 ein Lied auf den Vratya, der eine
Form von Vāta-Rudra ist, in dem dieses Wandern des
Gottes als Schöpfungsvorgang gefaßt ist: ›Am Anfang
war der Urgeweihte (vratya). Er wanderte immerdar.
Den Schaffenden trieb er an. Der schaute den Gold-
kern in seinem Selbst. Den ließ er ins Dasein wachsen. . .‹ «

Odin selbst hatte ja sein Auge gegeben, um Weisheit
zu erlangen. Von der Einäugigkeit eines Gottes verlau-

113

Drei Motive zur Einäugigkeit (aus: E. Neumann-Gundrum, »Europas Kultur der Großskulpturen«). Oben: Gefäß mit Gesicht (das rechte Auge ist abgedunkelt dargestellt), Fundort Dänemark; unten links: geschnitzter Kopf an einem der Masten der Stabkirche von Waldres (Norwegen); rechts: geschnitzter Kopf (um 1200 n. Chr.), Fundort Alt-Oslo.

Eine Odin-Darstellung auf der Bronzetür des Stockholmer Historischen Museums. Links ist sein Selbstopfer – er hatte ein Auge geopfert, aus Mimirs Brunnen der Weisheit zu trinken – zu sehen: er hängt an einem Zweig der Weltesche Yggdrasil.

tet in den *Veden* nichts. Aber sie war sicherlich vorhanden, denn die Einäugigkeit Odins geht auf eine uralte Symbolvorstellung zurück, die der »Zwiesicht«. Die von Frau Dr. Neumann-Gundrum (*Europas Kultur der Großskulpturen,* 1981) entdeckten »Großskulpturen«, Felsgestaltungen, bei denen meist ein männlicher Kopf dargestellt ist und die, vermutlich vom Ende der Altsteinzeit stammend, über das ganze Magdalenien-Gebiet Europas verteilt sind, zeigen fast alle dieses Symbol. Ein Auge ist natürlich gestaltet, das andere, nur angedeutet, bleibt weiß, vom Lid bedeckt oder fehlt ganz. Neumann-Gundrum hat diese Darstellung wohl richtig so gedeutet: Das eine Auge sieht in die reale Welt, das andere blickt nach innen, in die Tiefe des unsichtbaren geistig-seelischen Seins.

Der in den *Edden* mehrfach herangezogene Mythos von Odins Pfand, das im Borne Mimirs ruht, bedeutet zweifellos dies: Das Auge, das Odin gab, um Weisheit zu erlangen, ruht nun im Born des Weisheitsgeistes, in den die Ströme des tiefsten Wissens aus der Erdtiefe fließen. Mimir, der Weisheitsgeist, trinkt aus diesem Pfand an jedem Morgen und wird dadurch befähigt, Kommendes zu schauen und zu verkünden. Der Name Mimir kommt in mehreren Formen vor: Mimr, Mimir, Mime, Mima, Miman. Hauer führt - sicher richtig – den Namen auf die indogermanische Wurzel *men zurück, die Geist, Verstand, Gedächtnis bedeutet und die »eine außerordentliche Bedeutung in der urindogermanischen Sprache als Bezeichnung für geistige Bewegung und geistiges Wirken gehabt hat und die um ihrer Kraft willen offenbar. . . auch in

116

reduplizierten Formen, d. h. in solchen, in denen die Wurzel wiederholt wurde, vorkam. Wir müssen also ein indogermanisches *menmen* ansetzen. In der Tat haben wir im Indoarischen noch ein Wort *man-man*... Das Wort bedeutet das Sinnen, der Gedanke, die geistige Bewegung. Es wird im *Rigveda*... ebenfalls wieder im Zusammenhang mit Mitra und Varuna, mit Sehern und heiligen Sprüchen gebraucht. So wird im Rigveda X 12,8 von den geheimen *manman* der Götter gesprochen, die niemand kennt und die sie in der heiligen Versammlung vortragen.«[37]

Also besteht hier auch eine Beziehung zur indogermanischen Überlieferung. Wie alt aber die in diesem Mythos in Bilder gefaßten Gedanken und Vorstellungen sind, sehen wir daran, daß der Gedanke, das eine Auge des Gottes schaue in die Innenwirklichkeit der Welt, der im Mythos von Odins Pfand schon in komplizierterer Fassung erscheint, auf den Großskulpturen der Alt-Steinzeit noch in seiner einfachen Form als klares Symbol auftritt.

Wichtig ist aber auch, daß die auf diesen Skulpturen dargestellten Symbole, also nicht nur die »Zwiesicht«, sondern noch weitere, in Bilder gefaßte Gedanken, wie zum Beispiel die Geburt des Menschengeschlechtes aus dem Atem des Gottes, *ausschließlich* Parallelen in den indoarischen Überlieferungen haben. Daraus ist zu schließen, daß diese uralten Überlieferungen bei den Ostindogermanen, die in vielem altertümlicher blieben als die Westindogermanen, besser bewahrt wurden als im Westen. Und wenn nun das »Zwiesicht«-Symbol bei den Germanen, und zwar in den *Edden*, auftaucht, so zeigt das wieder die nahe und erstaunliche Beziehung dieser Mythologie zu der des Ostens.

Die *Edda* enthält Lieder aus den verschiedensten Zeiten und Weltgegenden, die zwar alle in Norwegen und Island (möglicherweise auch in Schweden) in der Zeit zwischen etwa 700 und 1200 n. Chr. geformt wurden, deren Inhalte aber zumeist viel älter sind. Es gibt hier selbstverständlich Lieder, die im Inhalt und bis zu einem gewissen Grad auch in der Form aus der nordischen Bronze- oder sogar aus der Megalithzeit stammen. Deutlich ist das zum Beispiel bei dem *Skirnirlied* und dem *Fiölswinnmál*, dem Lied von der Werbung des Swipdagr. Hier wird die Werbung des Sonnenhelden um die Erd- oder Lebensjungfrau dargestellt, die das Zentralthema der Megalithlegende ist.

Die meisten Lieder aber wie auch die in der *Prosa-Edda* enthaltenen Stücke wie zum Beispiel »Gylfis Verblendung« gehören dem Umkreis Odins an, der als Weisheit Lehrender oder Empfangender im Mittelpunkt steht. Er spielt hier oft die Rolle des Einweihenden, des Priester-Lehrers, der bei den Einweihungen der Jünglinge oder der Mysten in das Weistum der Vergangenheit und die Geheimnisse der Götter der Leitende und Prüfende ist. Solche Einweihungen gab und gibt es bei allen Völkern, bei uns leben sie in sehr abgeschwächter Form noch in der Konfirmation beziehungsweise Kommunion fort. Wir wissen, daß der Einzuweihende in den frühen Zeiten den symbolischen Tod zu erleiden hatte, um als neuer, verwandel-

118

ter Mensch aufzuerstehen. Er wurde dabei oft schmerzhaften und schwächenden Zeremonien unterworfen, um aufnahmefähig auch für das letzte, höchste Erleben der Jenseitsfahrt zu werden. Aber auch das tiefe Wissen kann nach dem Glauben der Naturvölker nur durch Opfer und Schmerzen gewonnen werden. Diesen Sinn hat ohne Zweifel das vielumrätselte Lied vom Selbstopfer Odins (*Hávamâl*, übers. v. F. Genzmer).

Odin spricht:

»Ich weiß, daß ich hing
Am windigen Baum
Neun Nächte lang,
Mit dem Ger verwundet,
geweiht dem Odin,
Ich selbst mir selbst
An jenem Baum,
Da jedem fremd,
Aus welcher Wurzel er wächst.«

Odin hängt, sich selbst geweiht, am Weltenbaum, verwundet, hungernd und dürstend, um Weisheit zu erlangen. Wir haben hier die oft zu erkennende Tatsache, daß der Mythos den Brauch spiegelt. Der Gott ist der erste Eingeweihte, wie er später der Einweihende ist, er vollzieht als erster, was nachher der Myste, der ihm nachfolgt, zu leiden hat; dieser Vorausgang des göttlichen Stifters findet sich in vielen Mysterienreligionen. Stöhnend neigt sich der Hängende nieder zur Erde und nimmt die Runenstäbe auf, die ihn Wissen und Zauberkunst lehren können. Dann stürzt er herab, wird vom Einweihenden – das ist hier der Weisheitsgeist Mimir (der »Bruder der Bestla«) –

119

‚mit dem »edelsten Met«, dem Krafttrunk der Weisheit, gelabt:

> »Zu wachsen begann ich
> Und wohl zu gedeihen,
> Weise ward ich da;
> Wort mich von Wort
> Zu Wort führte,
> Werk mich von Werk
> Zu Werk führte.«

Man hat auch in diesem Lied, das wohl das Herzstück der Odinsreligion darstellt, Beziehungen zum Osten gesehen, eine Verwandtschaft mit der »Jenseitsreise« des Schamanen der asiatischen und nordeuropäischen Völker, der durch allerlei Zeremonien befähigt wird, außer sich zu geraten, den Weltenbaum beziehungsweise sein irdisches Abbild zu besteigen und dort Erleuchtung und Zukunftsschau zu empfangen. Es ist mehrfach gesagt worden, daß Odin das Urbild eines Schamanen sei oder doch »schamanisch« anmute. Es ist Weisheit, Seherkraft und die Fähigkeit zu zaubern, was der Schamane beziehungsweise der Priester, der die Kulthandlungen im Bereich der Odinsreligion vollzieht, gewinnen muß. Mit den Runen wird gezaubert, das geht aus den Runenliedern der *Edda* deutlich hervor. Odin ist wie auch Mimir der »Zauberherr«, bei den Skalden wird er »Zauberer«, »Hexer«, »Zaubermeister« genannt. Snorri sagt: »Odin war in einer Kunst erfahren, die die größte Macht verlieh – man nennt sie Zauberkunst –, und übte sie selbst aus.« Er beschreibt ihn durchaus als »Zauberer«, er kann die Gestalt wechseln, in einem Augenblick in ferne Länder fahren, durch Worte Feuer löschen, die See beruhigen, die Winde beherrschen, Kommendes voraussehen und anderes mehr.

Adam von Bremen (um 1070) behauptet, in Norwegen seien die Wahrsager und Magier besonders zahlreich. In der *Heimskringla*, Snorris Geschichte der norwegischen Könige, wird erzählt, daß der König Olaf Tryggvisohn, der das Christentum mit Folter, Feuer und Schwert in Norwegen einführte, alle »Zauberer« Norwegens zu einem Gastmahl geladen und dann in der umstellten Halle verbrannt habe. Unter diesen »Zauberern« sind ohne Zweifel die Weisheitskundigen, die Priester oder Goden des Odinskultes, zu verstehen. Daß es sich um vornehme Männer handelte, geht daraus hervor, daß der einzige, der sich – durch eine Dachluke – retten konnte, ein Vetter des Königs war. Da Snorri diese Männer als »Zauberer« bezeichnet, so ist es wahrscheinlich, daß die Eingeweihten des Gottes, die seinen Kult leiteten, außer Vorzeitwissen und Weisheit auch magisches Können haben mußten.

In dem der *Heimskringla* vorausgestellten Bericht, um den es hier geht, wird gesagt, daß Odin und der Schwedenkönig Gylfi viel »Spuk und Zauberkünste« betrieben, daß darin die Asen aber immer die Oberhand behielten. Das soll wohl soviel heißen, als daß auch zuvor schon in Schweden gezaubert wurde, daß aber jetzt nach Einzug der Asen die Magie eine sehr viel höhere Stelle einnahm.

Alle urtümlichen Völker gebrauchten beziehungsweise gebrauchen auch heute noch Zauber. Es handelt sich dabei durchaus nicht nur um »abergläubische« Bräuche, die aus der Unkenntnis der Naturgesetze stammen. Vielfach wurden und werden hier Möglichkeiten der Naturbeherrschung ausgenutzt, die wir »Zivilisierten« nicht mehr kennen. Zweifellos ist auch in Nordeuropa in der Stein- und Bronzezeit »gezaubert« worden. Doch ging da wohl alles heller, offener und einfacher zu. In der Zeit der Odinsherrschaft hat der Zauber dunkle, geheimnisvolle und auch harte Züge; die Fähigkeit, ihn auszuüben, wird durch körperliche und seelische Qualen errungen. Man hat den Eindruck, als sei auch hier der noch ungezähmte Osten mächtig geworden und habe von den Künsten und Wissenschaften seiner Schamanen einiges in die Kultur des Nordwestens eingebracht.

7.

›Vanen‹ und ›Asen‹

Aus dem bisher Gesagten geht hervor, daß die Annahme eines Einbruchs aus dem Osten in den germanischen Bereich in der Mitte des letzten Jahrtausends v.Chr. zum mindesten einiges für sich hat. Es ist daraufhin wohl erlaubt, den Snorri-Bericht über die Herkunft Odins so ernst zu nehmen, daß der Versuch gemacht werden kann, die Angaben des Berichts an der historischen Wirklichkeit – soweit sie uns bekannt ist – zu messen. Wir können fragen, wer nun wohl die »Vanen« und »Asen« in Wahrheit gewesen sein mögen und ob die über sie erzählte Geschichte im einzelnen belegt werden kann. Freilich handelt es sich bei den Antworten, die ich auf diese Fragen geben kann, um reine Hypothesen. Inwieweit sie glaubhaft sind, muß der Leser selbst entscheiden.

Zunächst also: Wo lassen sich die »Vanen« örtlich festlegen? Der Bericht sagt eindeutig: »Das Land zwischen den Donmündungen nannte man Vanenland oder Vanenheim.« Vom Don wird gesagt, daß sein rechter Name (nämlich der griechische Name) Tanais sei, daß man ihn »vordem« aber auch Tanakvisl oder Vanen-Kvisl genannt habe und daß er in das

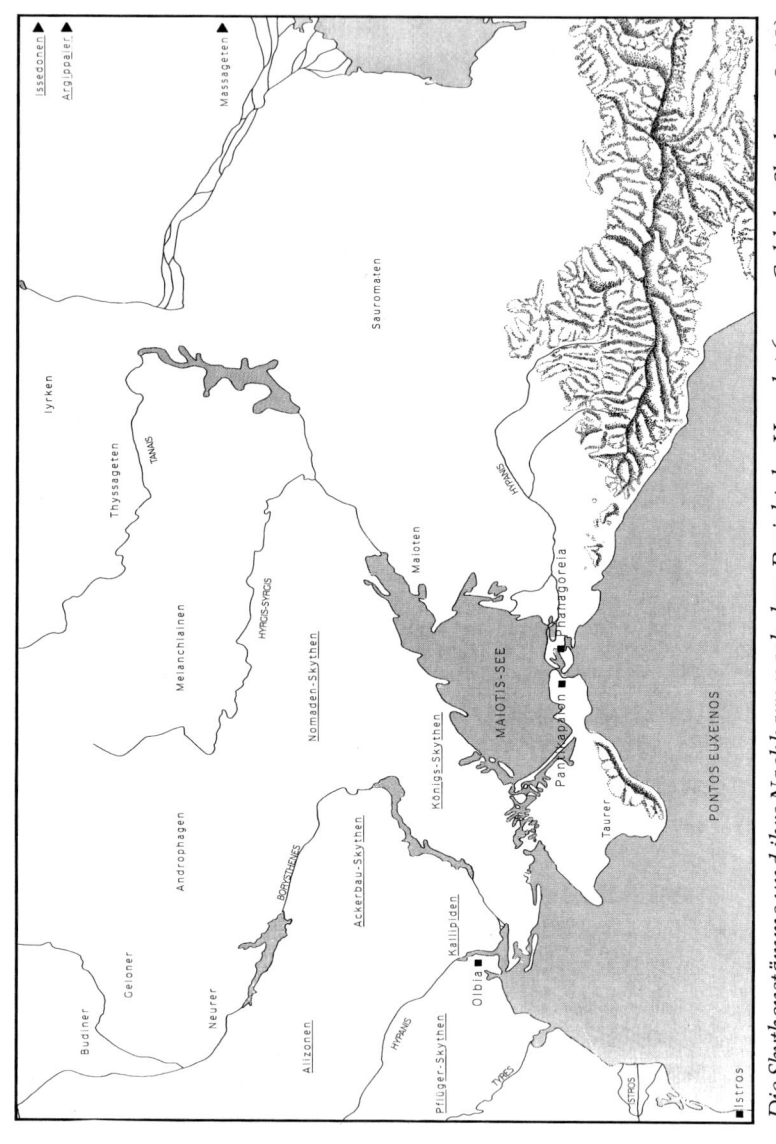

Die Skythenstämme und ihre Nachbarn nach dem Bericht des Herodot (aus: »Gold der Skythen«, S. 18)

124

Schwarze Meer ströme. Die »Vanen« wohnten also dort, wo der Don in den damals so genannten Mäotis-See, das ist das heutige Asowsche Meer, eine Ausbuchtung des Schwarzen Meeres, mündet und ein Delta bildet. Welches Volk wohnte nun aber in der Mitte des 1. Jahrtausends zwischen den Don-Mündungen?

Die Antwort wirkt im ersten Augenblick überraschend: Es waren Griechen. Die Jonier, die Seefahrer und Kolonisten unter den Griechen, hatten im 7. Jahrhundert v.Chr. überall am Nordufer des Schwarzen Meeres Handelsstädte gegründet, die jeweils zusammen mit dem umliegenden Territorium kleine Stadtstaaten bildeten. Mit den Skythen, die das Hinterland bevölkerten, herrschte im allgemeinen ein gutes Einvernehmen, denn die nomadisierenden wie die seßhaften Skythenstämme zogen gern aus der gehobenen Kultur und dem Fleiß dieser Siedler ihren Nutzen. Viele der wunderbaren Gold- und Bronzearbeiten, die sich in den Gräbern der vornehmen Skythen gefunden haben, sind nämlich von den tüchtigen griechischen Handwerkern dieser Städte im skythischen oder auch im griechischen Stil gefertigt worden.

Zwischen den Don-Mündungen lag die Stadt Tanais, die den Namen des Flusses trug, in dessen Delta sich die Bewohner angesiedelt hatten. Die späteren Germanen haben laut Snorri dieses Delta Tanakvisl genannt, wobei kvisl im Altnordischen soviel wie Flußmündung bedeutet. Vielleicht aber haben wir hier auch eine Verballhornung des Stadt- und Flußnamens Tanais vor uns. Vanakvisl jedenfalls dürfte diese Gegend wohl schwerlich geheißen haben, der Name Vanen kommt am Schwarzen Meer nirgends vor.

Hier ist klarzustellen, daß die meisten Namen, die der Snorri-Bericht nennt, germanisch sind und viele von ihnen sicherlich schon lange im Norden gebraucht wurden, ehe die im Snorri-Bericht geschilderten Ereignisse eintraten. So ist die Bezeichnung *Asen* für Götter dort wohl sehr alt, man hat das Wort mit *Ansen* zusammengestellt, das Stützbalken bedeutet. Die Götter als Himmelsstützer, das ist eine im Norden seit ältesten Zeiten vertraute Vorstellung. Auch der Name Vanen dürfte dem Norden angehören. Es ist wohl so, daß hier überall germanische Namen eingesetzt wurden, wahrscheinlich nicht von Snorri selbst, eher wohl von jenen schwedischen Berichterstattern, die die Überlieferung von der Herkunft Odins überarbeiteten und an Snorri weitergaben. Somit müssen hier selbstverständlich alle die Namen wie »Asen«, »Asgard« usw. zwischen Anführungsstriche gesetzt werden, damit niemand auf den Gedanken kommt, sie seien in dieser Form im Schwarzmeer-Gebiet gebraucht worden.

Und nun – wo könnten die »Asen« gelebt haben? Es heißt, sie hatten Land in Asien, östlich des Tanais inne, »das nannte man Asenland, und die Burg dort hieß Asgard«. Asien begann nach den Begriffen jener Zeit östlich des Don. Da der Vanenkrieg sich als ein Konflikt zwischen zwei benachbarten Völkern darstellt, so müßten also die »Asen« gleich östlich der Donaumündung zu Hause gewesen sein. Östlich des

Mäotis-Sees wohnten die Maioten, östlich des Don die Sauromaten.

Nehmen wir zunächst einmal an, daß die sogenannten »Asen« des Snorri-Berichtes zu den Völkerschaften der Sauromaten gehörten. Die Sauromaten waren die Vorfahren der späteren Sarmaten, die den Römern viel zu schaffen machten und sogar bis Spanien und Nordafrika gelangten. Der Name wurde später abgekürzt, zu Zeiten des Herodot-Besuches am Schwarzen Meer lautete er noch Sauromaten. Dieses große Volk, das sich wie das der Skythen in viele Stämme und Völkerschaften gliederte, war den Skythen nahe verwandt.

Auch diese nomadisierenden Steppenreiter waren wohl aus Mittelasien gekommen. Sie hatten eine ähnliche »iranische« Sprache und glichen in Aussehen und Sitten den Skythen, waren blond, blauäugig wie diese, hatten dieselben Waffenausrüstungen, Helm und Panzer, nur daß ihre Schwerter und Lanzen länger waren als die der Skythen, das haben die Grabfunde an der unteren Wolga gezeigt. Sie waren auch ebenso kriegerisch wie ihre Nachbarn. Herodot gibt ihre Stammessage wieder: Sie sollen aus der Vereinigung skythischer Jungmannschaft mit einer Schar Amazonen stammen, die auf der Flucht vor den Griechen an der Küste der Mäotis gelandet seien, ihre Jungfräulichkeit zu Gunsten der einnehmenden jungen Skythenkrieger aufgaben und deren Ehefrauen wurden. Diese Sage ist vermutlich entstanden, um die Freude der Sauromatinnen an Kampf und Krieg zu erklären.

Daß hinter den Erzählungen der Griechen über

Amazonen und Amazonenheere durchaus eine Wirklichkeit steht, weiß man, seitdem die Ausgrabungen im ganzen Schwarzmeergebiet ergeben haben, daß hier oftmals den Frauen Waffen mit ins Grab gegeben wurden. Von hier können sehr wohl Gemeinschaften bewaffneter junger Frauen und Mädchen ausgezogen sein, um sich am Kampf der Männer zu beteiligen, soll doch sogar die berühmte Amazonenkönigin Penthesilea vom südlichen Schwarzmeerufer stammen.

Die Schriftquellen weisen vor allem auf Sauromatien als Heimat der Amazonen hin. Die Grabfunde bestätigen diesen Hinweis. Renate Rolle[38] schreibt: »Nach statistischen Berechnungen entfallen von den Gräbern mit Waffen und Pferdegeschirr des sauromatischen Gebiets immerhin etwa 20 Prozent auf Frauen. Das ist ein ganz beträchtlicher Anteil, der die Aufmerksamkeit erklärt, die die antiken Autoren Sauromatien entgegenbrachten.« Die Kühnheit und Selbständigkeit der Sauromatinnen war berühmt, offenbar war die Stellung der Frau bei den Sauromaten besonders hoch, höher noch als bei den Skythen.

Hier finden sich Berührungspunkte mit dem, was von den germanischen Frauen der Völkerwanderungs- und Wikingerzeit bekannt ist. Schon Tacitus (c 18) erzählt, daß den germanischen Bräuten zur Hochzeit Pferd, Schild, Lanze und Schwert dargebracht wurde, »damit sie nicht glaubten, sie dürften mutiger Gesinnung und Kriegsschicksalen fern bleiben, sondern durch diese Wahrzeichen daran gemahnt würden, sie kämen als Gefährtinnen in Mühen und Gefahren, um mit dem Manne Gleiches im

Frieden und Gleiches im Krieg zu erleiden und zu wagen«.

In nordischen Grabhügeln der jüngeren Eisenzeit wurden vollbewaffnete Frauen inmitten eines verbrannten Schiffes gefunden. Die Namen mehrerer weiblicher Wikinger sind noch bekannt. Die junge Hervör zum Beispiel, die später eine bedeutende Königin wurde, rüstete ein Schiff aus, raubte das Ahnenschwert aus dem Grabhügel ihres Vaters und fuhr in Männerkleidung auf Wiking. Auch bei Saxo grammaticus, dem dänischen Geschichtsschreiber, erscheint ein Typus halbamazonischer Mädchen, die Ehe und weibliche Arbeit verachten und nur an Kampf, Krieg und Heerfahrt denken. Ebenso wie bei den Sauromatinnen wurden den Germaninnen ihre Reittiere mit ins Grab gegeben; die Königin Aasa begleiteten sogar 15 Pferde ins Jenseits.

Es muß hier aber auch noch von einem zweiten Volk gesprochen werden, das südlich der Sauromaten wohnte, den Maiotes (Maeetae/Maitae). Nach ihnen hieß das Asowsche Meer, an dessen Ostufer sich dieses Volk angesiedelt hatte, die »Maiotis«. Die Maioten dürften dort schon lange gewohnt haben, als Nachbarn der später von den Skythen aus dem Schwarzmeergebiet vertriebenen Kimmerier, noch ehe die Reitervölker aus den asiatischen Steppen in diese Gegenden kamen. Außer den Namen der Stämme, in die das Volk sich gliederte, ist nur sehr wenig über sie bekannt, Herodot hat leider nichts über sie erzählt. Aber eines ist sicher, nämlich, daß sie Arier waren, engverwandt mit den Indo-Ariern, die wahrscheinlich aus diesen Gebieten nördlich des Kubans stammten. Während diese Volksgruppe über Sibirien nach Indien zog, wandte sich ein wohl kleinerer Teil nach Süden, verband sich im Vorderen Orient mit dem Volk der Churriter und gründete als dessen Oberschicht das Reich der Mitanni (Maitani), der Streitwagenfahrer, die bis nach Syrien vorstießen und deren Könige sich vielfach mit den ägyptischen Pharaonen verschwägerten.

Die arischen Völker waren vielleicht die Erfinder, sicher aber die bedeutendsten Benutzer des schnellen, leichten Streitwagens, der als hervorragende Kriegswaffe bald in ganz Europa Verwendung fand. So mögen auch die Maiotes am Schwarzen Meer ursprünglich Wagenfahrer gewesen sein, aber später werden sie von den antiken Schriftstellern zu den Skythen gezählt, sie mögen also deren Sitten angenommen haben und auch zu Reitern geworden sein.

Das Gebiet der Maiotes oder Maioten grenzte im Norden an das der Sauromaten, beide Völkerschaften trafen sich also dort, wo der Don ins Asowsche Meer floß und wo in seinem Delta der kleine Staat Tanais lag. Sollten also die »Asen« am Ende Maioten gewesen sein? Es ist auch möglich, daß sich im Grenzgebiet Mischgruppen bildeten, so daß sowohl Sauromaten als auch Maioten an der Bildung jenes Stammes beteiligt sein könnten, der jenseits des Don seine Burg »Asgard« errichtet haben soll.

Im Snorri-Bericht ist mehrfach von dieser Burg und von Odins »Halle« oder »Saal« die Rede. Ist es nun überhaupt möglich, daß sich am Don eine Burg erheben konnte, da die Reitervölker ja unbehaust auf Wagen lebten und fast immer auf der Fahrt waren? Man hat lange geglaubt, die Skythen hätten Burgen oder feste Plätze gar nicht gekannt. Das ist aber durch Ausgrabungen der letzten Jahrzehnte widerlegt worden. Man kennt jetzt eine ganze Anzahl von Stellen, an denen sich in skythischer Zeit burgähnliche, umwallte Siedlungen befunden haben müssen. Im Gebiet der sogenannten Königsskythen wurde die gewaltige Burg von Kamenskoje Gorodisce, die zwölf Quadratkilometer umfassende Residenz der Großkönige, ausgegraben.

In der Waldsteppe nördlich des skythischen Gebietes sind die russischen Archäologen schon seit Jahren dabei, eine noch viel größere umwallte Siedlung zu erforschen. Man nimmt an, daß es sich um das von Herodot beschriebene Gelonos handelt. Nach Herodot sollen die Budinen, ein Volk, das nördlich der Sauromaten wohnte und dessen Blondheit Herodot hervorhebt, eine große Burg oder Stadt bewohnt haben, die ganz aus Holz gebaut und von einer hölzernen Mauer umgeben war. Die Budinen waren Nomaden, doch wohnten bei ihnen Griechen, Flüchtlinge aus den Handelsstädten, wie es heißt, die sich Gelonen nannten. »Es gibt dort Heiligtümer griechischer Götter. Sie sind auf griechische Art mit Götterbildern und Altären und Tempelhäusern aus Holz ausgestattet«, schreibt Herodot.[39]

Das »Asgard« des Snorri-Berichtes allerdings kann Gelonos wohl nicht gewesen sein, denn die Budinen und Gelonen wohnten weit im Norden – fünfzehn

Tagesreisen vom Mäotis-See entfernt –, wie hätten sie mit einem an der Donmündung ansässigen Volk in Konflikt geraten können ?

Die Überlieferung über den Vanenkrieg, die nicht nur im Snorri-Bericht,sondern auch in beiden *Edden*, manchmal nur kurz angedeutet, erscheint, ist dunkel und stark mythisiert. Hier – und nur hier – werden »Asen« und »Vanen« als Völkerschaften aufgefaßt, während sie sonst in den *Edden* ausschließlich als Götter (bezw. als Göttersippen) auftreten und von den Völkern nicht mehr die Rede ist.

Die seltsamen Dinge, die Snorri über den Friedensschluß zwischen »Asen« und »Vanen« und den »Geiseltausch« erzählt, sind nur zum kleineren Teil noch aufzuhellen. Deutlich ist nur, daß die beiden Völkerschaften, die im Dondelta und jenseits des Don saßen, sich bekämpften, wobei die »Asen« zunächst die Angreifer waren, die »Vanen« aber streitkühn die Flur stampften und den Burgwall der »Asen« zerstörten, daß der Kampf hin- und herwogte, daß dann aber beiden Parteien »der Streit über« und ein Friedensvertrag abgeschlossen wurde. Dabei stellten die Gegner einander »Geiseln«, das heißt, daß einige der Vanengötter zu den »Asen« und zwei Abgesandte der »Asen«, unter ihnen der Weisheitsgeist Mimir, zu den »Vanen« kamen. Doch offenbar waren diese mit dem Tausch nicht zufrieden, fühlten sich hintergangen, köpften Mimir und schickten sein Haupt zurück.

Die Frage ist nun, wieviel Realität in diesem Mythos stecken könnte. Es erscheint durchaus möglich, daß die Bewohner des Stadtstaates Tanais mit einem der

Reiterstämme der Nachbarschaft in Konflikt gerieten. Die Griechen, die diese Städte gegründet hatten, waren, obwohl in der Mehrzahl Handelsleute und Handwerker, doch wehrhaft, das war für Kolonisten, die sich in einem barbarischen Land unter höchst kriegerischen Stämmen niedergelassen hatten, selbstverständlich.

Der Kriegsgrund wird im Bericht nicht angegeben, wohl aber in einigen Versen der *Völuspá* angedeutet. Die Verse sind reichlich dunkel, es ist viel an ihnen herumgerätselt worden, doch ohne befriedigendes Ergebnis.

>>Da kam zuerst
Krieg in die Welt,
Als Götter Gullweig
Mit Geren stießen
Und in Heervaters
Halle brannten,
Dreimal brannten
Die dreimal geborne.

Man hieß sie Heid,
Wo ins Haus sie kam,
Das weise Weib:
Sie wußte Künste,
Sie trieb Zauber,
Betörte Sinne,
Immer ehrten sie
Arge Frauen.<<

Diese Gullweig ist, wohl des Namens wegen, als >>Gold<< gedeutet worden, sicher zu Unrecht. Für die

Skalden der *Edda*-Lieder hatte der Begriff »Gold« noch keine negative Bedeutung, sie wußten noch nichts vom »Fluch des Goldes«. Hier symbolisiert »Gold« Weisheit und Wissen, wie es in den *Edden* ja immer und immer wieder um »Weisheit« geht.

Heid ist in der *Edda* der Name für einen Begeisterungstrank, der vom Weltbaum niedertropft und Seherkraft verleiht. Hauer meint: »Die einzelnen Anspielungen der Strophen sind nicht mehr alle aufzuhellen. Soviel aber ist aus ihnen zu erkennen, daß die Asen die Gullweig (hinter der sich Freya als Seherin verbirgt) schlecht behandelten, daß man sie als eine böse Frau betrachtete.« [40]

Letzten Endes ist nicht mehr aus den *Völuspá*-Versen herauszulesen, als daß eine Zauberin von den »Asen« »schlecht behandelt« wurde, daß die »Vanen«, zu denen sie offenbar gehörte, dafür »Bußgeld« forderten, was die »Asen« so erzürnte, daß sie die »Vanen« mit Krieg überzogen. Die dunkle Wendung »dreimal brannten die dreimal Geborene« kann übrigens keinesfalls so gedeutet werden, daß es sich hier um drei Frauen gehandelt habe. Es ist eindeutig nur von einer einzigen die Rede.

Hier ist nochmals darauf hinzuweisen, daß die Mythe vom Beginn des Vanenkrieges wie auch die vom Geiseltausch so verdunkelt und wohl auch mißverstanden vom Verfasser des Berichtes wiedergegeben wurde, daß eine Aufhellung kaum möglich ist. So sollte das Folgende nur als ein Versuch und als Spiel mit etwaigen Möglichkeiten gewertet werden:

Die Griechen hatten Götterbilder, die Steppenreiter

nicht. Ein Bild der Aphrodite geriet durch irgendeinen Zufall, durch Tausch oder Geschenk, in die Burg der »Asen«. Es war ein den Bürgern von Tanais besonders wertes, heiliges und wohl auch schönes Standbild. Die »Asen« aber sahen in dieser Göttin eine gefährliche Zauberin, die durch Liebestränke und dergleichen (immer ehrten sie arge Frauen) die Männer zu verführen trachtete. Darum beschädigten oder zerstörten sie in ihrer »Halle« das Bild mit ihren Speeren und versuchten, es zu verbrennen. Die »Vanen« empfanden dieses Vorgehen als Heiligtumsschändung und schickten Abgesandte zu den »Asen«, die Bußgeld und Anerkennung der Vanengötter durch Opferleistung verlangten (»ob Zins die Asen zahlen sollten oder alle Götter Opfer haben«). Darüber aber waren die »Asen« zutiefst empört und sagten sofort den »Vanen« den Krieg an (»den Speer warf Odin ins Gegnerheer«). Den streitkühnen »Vanen« gelang es, bis zur Asenburg vorzudringen und den Burgwall zu zerstören, doch wurden sie zurückgedrängt. Schließlich aber schlugen einsichtsvolle Männer einen Friedens- und Vertragsschluß vor, der auch das Verhältnis beider Seiten zu den jeweiligen Göttern regeln sollte. Bei einer feierlichen Zusammenkunft wurde dieser Vertrag abgeschlossen.

Die seltsame Geschichte vom klugen Kwasir, der aus dem Speichel der Götter entstand, haben Hauer und Ninck so gedeutet, daß beim Versöhnungsmahl ein heiliger Rauschtrank gereicht wurde, der dem indischen Soma entsprach. Er war aus zerkauten Pflanzen bereitet, die durch den Speichel rasch in

Gärung übergingen. Ein solches Getränk wurde bis in unsere Zeit hinein von den Südseeinsulanern hergestellt, und die Europäer haben die erfrischende Wirkung des Trankes gelobt. Der Mythos hat dann aus dem Trank ein lebendes Wesen gemacht, das später erschlagen wurde und aus dessen Blut dann wiederum ein heiliger Trank entstand. Solche für uns unappetitlichen Zeremonien sind den in vielem recht urtümlich gebliebenen Steppenreitern wohl zuzutrauen. Was die zivilisierten Griechen dazu gesagt haben, erfahren wir nicht.

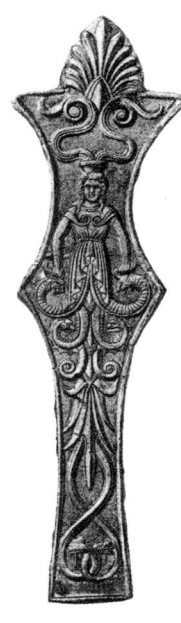

Die schlangenfüßige Erdgöttin Api, die Stammutter der Skythen

Die wichtigste und für uns interessanteste Sache ist bei dieser Geschichte aber der Göttertausch. Die Götter, die damals in das Pantheon der Gegner kamen, waren die später im Norden so beliebten Vanen Njörd, Freyr und Freyja.

Hier muß zunächst nach den Göttern der Steppenreiter, dann nach denen der Kolonisten gefragt werden. Die Nachrichtenquelle Herodots floß in dieser Hinsicht wohl ziemlich spärlich. Immerhin nennt er einige Namen von Göttern in skythischer Sprache. Die Skythen verehrten, wie es scheint, am höchsten die Tabiti, die Herdfeuergöttin, den Himmelsgott Papaios und die schlangenfüßige Erdgöttin Api, von der sie ihre Abstammung herleiteten. Außerdem nennt Herodot noch einige weitere Götter, die aber weniger im Vordergrund standen: unter anderen Poseidon, Apoll und Aphrodite Urania, auf skythisch Thagimasadas, Oitosyros und Argimpasa.

Eine dem Vāta-Wode entsprechende Gestalt findet sich, soweit wir sehen können, nicht in diesem

Götterkreis, wenn wir nicht den »Mars«, den Kriegsgott, der durch ein auf einem Holzstoß aufgerichtetes
Schwert symbolisiert wurde und dem die Kriegsgefan-
genen geopfert wurden, dafür halten wollen. Aber der
Wode entspricht dem Mars durchaus nicht, er wird
von den Römern nie mit diesem gleichgesetzt, er war
ja auch nur unter anderem Kriegsgott, nur in soweit,
als der kämpferische »furor« auch zu den durch ihn
erweckten ekstatischen Aufschwüngen und »Ausfahr-
ten« gehörte wie der Sturm des »Wilden Heeres«, die
Dichterbegeisterung, die schöpferische Intuition und
die seherische Tiefen- und Vorschau. Einen solchen
Mysteriengott haben die Skythen nicht besessen, im
Gegenteil, sie zeigten nach Herodot Abscheu vor der
»Raserei« »bakchischer Umzüge« und erlaubten selbst
ihren Königen nicht die Teilnahme an ekstatischen
Mysterien. Bei den Sauromaten, über deren Götter
nichts bekannt ist, wird es wohl ähnlich gewesen sein.

Dagegen berichtet Herodot, daß bei den Budinen
und Gelonen in der Stadt Gelonos alle drei Jahre ein
Dionysos-Fest gefeiert wurde »mit bakchischen Tän-
zen«. Dionysos ist Mysteriengott, seine Feste brachten
die ekstatische Raserei der Weinberauschten. Die
Thraker, die westlich an die Skythen angrenzende
Gebiete an der unteren Donau und auf dem Balkan
bewohnten, verehrten den Dionysos als Hauptgott. Es
wäre zu überlegen, ob die thrakischen (oder doch
thrakisierten) Geten, die um 100 v.Chr. bis an die
Ostsee vordrangen, den Ekstasegott Wodan in den
Norden gebracht haben könnten.

Aber ihre Flucht an die Ostsee liegt zeitlich zu spät,

damals waren ja bereits die Kimbern und Teutonen, die ohne Zweifel schon Verehrer des Wutgottes waren, nach Süden gezogen, Wodan-Odin muß damals längst in den germanischen Gebieten Fuß gefaßt haben. Auch ist er im Grund kaum mit Dionysos zu vergleichen. Der nackte Jüngling mit dem Weinlaubkranz und dem Tyrosstab bringt einen ganz anderen Rausch, als es die Ekstase des Wilden Reiters und des alle Tiefen auslotenden »Raterfürsten« ist. Der Dionysoskult stammt ersichtlich aus ganz anderen Wurzeln als der Odin-Wodans und aus Gebieten, in denen die Traube einheimisch war.

Wenn wir fragen, welchem Volk des Schwarzmeergebietes der Wutgott entstammen könnte, so liegt der Gedanke an die Maiotes viel näher. Sie waren ja Arier. Und der Ekstasegott Vāta kann sehr wohl schon bei ihnen geherrscht haben, als sie sich von den nach Indien ziehenden Stammesbrüdern trennten. Vielleicht lebten bei ihnen bereits jene Mythen oder sogar einige schon in etwa geformte Gesänge, die durch Angehörige ihres Volkes oder durch sie beeinflußte Sauromaten in den Norden Europas gebracht wurden, so daß die verblüffende Übereinstimmung einiger *Edda*lieder mit denen des arischen *Rigveda* und die »Namens- und Wesensgleichheit« Odins mit Vāta erklärlich wird. Die Maiotes dürften ja wohl, wie schon gesagt, nach skythischem Vorbild zu Reitern geworden sein, und so ist sicherlich auch der Gott, der bei den Indoariern als Wagenfahrer auftritt, am Schwarzen Meer zu dem Reiter auf dem achtbeinigen Pferd geworden.

Wie liegt nun die Sache bei den »Vanen«? Für die Vanenkriegsthese sprach immer die Tatsache, daß die Vanengötter Njörd, Freyr und Freyja alte Fruchtbarkeitsgötter des Nordens zu sein schienen.

Fruchtbarkeitsfördernde Tendenzen finden sich allerdings bei den meisten Göttern. Der indogermanische Himmelsgott weckt mit seiner Blitzaxt die Fruchtbarkeit der Erde, er fährt auf seinem Stier- oder Ochsenwagen durchs Land und läßt die Fluren ergrünen. Die Erdgöttin ist die Mutter der Fruchtbarkeit, der »Sonnenheld« weckt die Natur aus dem Schlaf der Wintererstarrung, sogar die Teilnehmer an den Wilde-Heer-Umzügen laufen über die Felder, um diesen Fruchtbarkeit zu geben, und die Werwölfe rauben – nach livländischer Überlieferung – das in Erdhöhlen verborgene Saatkorn und streuen es auf die Felder, damit diese gute Frucht tragen sollen. Für Bauernvölker ist die Fruchtbarkeit der Felder wie die von Menschen und Tieren von größter Wichtigkeit. Und so ist es kein Wunder, daß Njörd und Freyr im bäuerlichen Schweden als besonders die Fruchtbarkeit (und den Frieden) mehrende Götter, denen man gute Jahre verdankt, betrachtet wurden. Aber es ist deutlich, daß Freyr, so wie er in der *Edda* erscheint, eine – wohl schon bronzezeitliche – Hypostase des Poside, des Licht-, Rechts- und (auch) Fruchtbarkeitsgottes der Heiligen Insel war.

Die »Vanen« am Schwarzen Meer nun waren, wie wir nun einmal annehmen wollen, Jonier, und diese stammten von der Nordseeküste. Das erweist sich nicht nur dadurch, daß sie – im Gegensatz zu den

139

meisten anderen griechischen Stämmen – Seefahrer und Koloniengründer waren, sondern mehr noch durch die Tatsache, daß ihr Stammesgott, den sie aus ihrer Heimat mitbrachten, den Namen des Gottes der Nordsee-Bernstein-Insel trug: Poside(o)s. Dieser war als ein Gott der Seefahrer dem Meer engverbunden. Noch in der Bekehrungszeit, als er - nach der Lautverschiebung - Fosite und seine Insel Fositesland hieß, konnte er nach friesischer Sage aus Seenot retten. So wurde er im Süden als der Gott der seefahrenden Jonier ganz zum Meergott Posidaon-Poseidon. Doch blieb er immer der Hauptgott der Jonier, dem sie das hohe Fest der Panjonien und große Verehrung widmeten. Schon 1929 hat O. H. v. Saucken in einem Aufsatz »Poseidon als germanischer Gott« in der Zeitschrift *Deutscher Roland*, die nach den Lautgesetzen identischen Namen Fosite-Poseidon (jonisch Posides, Posideon) zusammengestellt. Er leitet ferner den Stammesnamen Jones, eigentlich Jawones = die Jungen von germanisch ing = jung, Sohn, Nachkomme ab und weist auf die germanische Kultgemeinschaft der Ingävonen hin. Nachdem in der Wanderzeit um 2000 v.Chr. sich mehrere indogermanische Stämme, die wahrscheinlich aus Ost- und Mitteldeutschland kamen, in Griechenland angesiedelt hatten, landeten dort etwa im 17. Jahrhundert v.Chr. die Jonier zusammen mit den Achaiern, die möglicherweise auch dem Norden entstammen. Sie gelten als die eigentlichen Begründer der mykenischen Kultur.

Zurück zum Göttertausch: Njörd, von dem man wenig weiß, ist mehrfach mit Poseidon verglichen worden. Er wohnt in Noatun, dem »Schiffsgarten«, seine Ehe mit der Berg- und Schneeschuh-Göttin scheitert daran, daß er das Meer, sie aber die Berge nicht lassen kann. So erscheint er als eine Art Meergott, der aber im Asenkreis keine eigentliche Funktion mehr besitzt und in Schweden dann als Vater Freys ebenfalls Fruchtbarkeitsgott ist, da die Germanen ja bereits einen Meergott – nämlich Ägir – besaßen. Er könnte also sehr wohl durch den »Asen«-Stamm übernommen worden sein, so wie vielleicht die Skythen den gleichen griechischen Gott in ihr Pantheon übernahmen. Njörd ist ein germanischer Name, er wurde dem Gott im Norden zugelegt. Seine ursprüngliche beziehungsweise eigentliche Gattin war höchstwahrscheinlich die von Tacitus besprochene Nerthus. Sie wurde offenbar als seine Schwester gesehen, so wie beider Kinder Freyr und Freyja wiederum ein Geschwisterpaar und sicherlich ursprünglich ebenfalls Liebende und Eheleute waren. Darauf deutet ja der Zusatz des Verfassers des Snorri-Berichtes hin, wenn er sagt, daß Njörd seine Schwester zur Frau gehabt habe und daß dies dort (bei den Vanen) »so rechtens« gewesen sei. »Aber unter den Asen war es verboten, in so nahe Verwandtschaft zu heiraten.«

Dieser Hinweis auf die Geschwisterehe hat zu allerlei Vermutungen Anlaß gegeben. Man wollte hier einen Beweis für das Matriarchat im Norden sehen. In Wahrheit haben Geschwisterehe und Mutterrecht nichts miteinander zu tun. Die Geschwisterehe kommt in Mythos und Frühgeschichte nur gelegentlich bei Göttern und Königen vor. Bei letzteren stammt diese

Sitte aus dem Wunsch – was auch in der germanischen Heldensage noch anklingt –, die Kraft und hohe Artung des königlichen Geschlechtes zu erhalten. Die göttlichen Geschwisterpaare aber, die gleichzeitig Mann und Frau sind, treten dort auf, wo es genealogische Verschiebungen in der Götterwelt gegeben hatte. Es sind ja immer und immer wieder der Himmelsgott und die Erdmutter, die sich in ihren Kindern »verjüngen«. Das Zwillingspaar, das die Erdmutter zur Welt bringt, der Knabe, der starke Beziehung zur Sonne hat und früh Heldentaten vollbringt, und das Mädchen, das wie seine Mutter dem Mond zugehört, sind eben nichts anderes als der verjüngte Himmelsgott und die verjüngte Erdfrau, und da diese beiden ein Paar sind, müssen es die Kinder auch sein. Manchmal verwischt sich das wahrscheinlich unter dem Eindruck, daß solche Verhältnisse nicht »rechtens« seien und den Göttern nicht zugemutet werden könnten. So findet sich zwischen Apoll und seiner Schwester Artemis keine erkennbare Liebesbeziehung mehr, obwohl auch sie verjüngter Himmelsgott und Erdjungfrau oder wenigstens deren Hypostasen waren.

Es wird immer zu wenig beachtet, wie flexibel alle diese Göttergestalten sind. Vater ist Sohn, Mutter ist Jungfrau, wie die Generationen, die sie verehren, einander folgen. Ganze Götter-Genealogien entstehen durch diese Tendenz zur Verjüngung. Durch Begegnungen und Überschichtungen von Völkern und Stämmen wechseln die Götter das Gesicht, Eigenschaften treten stark hervor, die früher nur am

Rande sichtbar waren, neue Namen verdrängen die alten, und Beinamen, die eigentlich Wesensbezeichnungen waren, nehmen die Stelle der früheren Namen ein. So haben wir zuletzt die Tatsache, daß sich im Zwölfgötterkreis der *Edda*, also im Asenkreis, mindestens vier Hypostasen des Himmelsgottes, drei des »Sonnenhelden« und zwei der Erdmutter finden, wobei letztere sogar den gleichen Namen tragen – Freyja und Frija (Frigga). Es ist für den Religionswissenschaftler manchmal kaum möglich, sich in diesem Wirrwarr zurechtzufinden, den die langen Zeiträume und das Hin und Her der Völkerschaften innerhalb der indogermanischen Sprach- und Völkerfamilie geschaffen haben.

Es besteht nun auch die Möglichkeit, daß eine Hypostase des Poside(o)s-Poseidon, der in grauer Vorzeit einmal im Norden Himmelsgott war, nun als Meergott wieder in die alte Heimat zurückgekehrt ist und dort den Namen Njörd annahm.

Mit Freyr und Freya ist es nichts anderes. Sie entsprechen dem Apoll und der Artemis. Die Jonier hatten natürlich Apoll, den »griechischsten aller Götter« längst angenommen, ohne zu wissen, daß er eigentlich die von den Dorern nach Griechenland gebrachte Form des Poside war. Denn die Dorer kamen, wenn auch etwa 600 Jahre später als die Jonier, wie Spanuth nachgewiesen hat, ebenfalls aus dem Bernsteingebiet, und der Name Apellos, der dann zu Apollon, Apollo oder Apoll wurde, dürfte ein Beiname (Herr der Apella, des Gerichtfeldes) des nordischen Licht- und Regengottes gewesen sein.

Und ebenso wie Poseidon können ihn auch die »Asen am Don« in ihren Götterkreis aufgenommen haben. Daß er nicht alle Eigenschaften des griechischen Apoll behielt und in Schweden zum Fruchtbarkeitsgott wurde, kann nicht wundernehmen. Vermutlich wurde er mit einer dort schon zuvor existierenden Hypostase des Poside gleichgesetzt, dafür sprechen manche Anzeichen.

Aber Freyja ist nicht eigentlich Artemis. Sie gleicht mehr der Aphrodite, und was von Gullweig-Heid, die die »Asen« in der Halle »mit Geren stießen«, gesagt wird, paßt weit besser auf die Liebesgöttin als auf die herbe Jägerin, die Apolls Schwester war. Auch hier kann sehr wohl eine Verschiebung eingetreten sein. Schon die Jonier können Artemis mit Aphrodite gleichgesetzt und diese zu Apolls Schwester gemacht haben, sie ist ja verjüngte Erdmutter wie jene. Wir hörten, daß die Skythen die Aphrodite-Urania verehrten, und so kann auch die junge Liebesgöttin – halb Aphrodite, halb Artemis – in den Asenkreis eingetreten sein.

Wo allerdings die göttlichen Geschwister ihre Namen – Freyr und Freyja – bekamen, läßt sich nicht so leicht enträtseln. Die Sache sieht zwar einfach aus: Freyr (Frei, Fro) erscheint als germanischer Name, der sehr gut zu einem Gott paßt, der Beziehung zu Frühling, Sonne, Frieden und guten Jahren hat (die Bedeutung »Herr« dürfte sekundär sein). Und Freya könnte ohne weiteres seine weibliche Entsprechung sein, die Partnerin, die den Namen ihres Partners angenommen hat, wie wir das oft in den Mythologien finden. Aber da ist die Tatsache, daß bereits die

144

Indoarier eine Göttin des Frühlings und der Schönheit verehrten, die Frija hieß, was »die Geliebte« bedeutet. Der Name der Gattin Odins »Frigga« wäre dadurch ohne weiteres erklärt, Frija könnte bereits im ostindogermanischen »Asen«-Bereich »die Geliebte« des Vāta gewesen und mit ihm ans Schwarze Meer und in den Norden gekommen sein. Aber wie kam die anmutige »Vanin« zu dem gleichen Namen?

Ebenso wenig läßt sich die seltsame Geschichte vom dummen Hoenir (der an anderen Stellen der *Edda* als gar nicht dummer, lebenspendender Lichtgott auftritt) und dem Haupte Mimirs befriedigend deuten. Hier hat der Snorri-Bericht offenbar einige einander widersprechende Überlieferungen zu vereinen versucht und sie dann auf seine rationalisierende Weise recht unglücklich ausgedeutet. Da ist alles durch die Zeit verdunkelter Mythos, der ebenso wie die zwar angezogene vom klugen Kvasir voller nicht mehr deutbarer Symbolik ist. Eine Beziehung zur Realität läßt sich da nicht finden.

8.

Der Zug Odins ins Sachsenland

Der Vanenkrieg wird in der *Edda* an den Anfang aller Zeiten gesetzt (»da kam zuerst Krieg in die Welt«), er ist auch im Snorri-Bericht etwas, was eine gute Zeit vor dem Auszug Odins, der ihn und die Seinen schließlich in den Norden Europas führte, gelegen haben muß.

Der Bericht erwähnt, daß Odin große Besitzungen im Kaukasus, denn der ist wohl mit dem »hohen Bergwall« gemeint, besessen habe, und fährt fort: »In jener Zeit zogen die Römerhäuptlinge weit in der Welt umher und unterwarfen sich alle Völker. Viele Häuptlinge aber flüchteten vor diesen Kriegsunruhen von ihren Besitzungen. Da aber Odin zukunfts- und zauberkundig war, wußte er, daß seine Nachkommen im nördlichen Teil der Erde herrschen würden. Da setzte er seine Brüder Ve und Vili über Asgard, und er zog fort mit allen Diar und vielem anderen Männervolk.«

Danach scheint es so, als sei der Auszug Odins als eine Art Flucht vor den »Römerhäuptlingen« angesehen worden. Um Römer aber kann es sich nicht gut gehandelt haben, so spät kann dieser Auszug nicht angesetzt werden. Als die Römer in ihrem Bestreben, »sich alle Völker zu unterwerfen«, auch mit den Germanen zusammentrafen, war der Gott »Merkur« bereits der alteingesessene Hauptgott der Germanen. Schon die erste Begegnung zwischen Römern und Germanen zeigt, daß der Umschwung, der durch Wanderlust, Menschenopferbräuche und ähnliches gekennzeichnet ist, bereits vollzogen war, wie auch die Lautverschiebung schon eine Weile zurücklag. Die Zeit, in der die »Skythen« nachweislich bis in die Mark Brandenburg gelangten, lag früher – in der Mitte des ersten Jahrtausends.

Vielleicht hat die Überlieferung hier die Römer mit den Persern verwechselt, die ja eben in jener Zeit auch große Lust zeigten, »alle Völker zu unterwerfen«. 514 v. Chr. zog König Dareios I. gegen die Skythen. Von Thrakien aus fiel er mit großer Heeresmacht in ihr Land ein. Die Skythen, die übrigens von den Sauromaten und den Budinen unterstützt wurden, rettete nur ihr großes Geschick im Ausweichen. Sie ließen sich einfach nicht fassen, waren einmal hier, einmal dort (was Herodot höchlich bewundert), beunruhigten aber den Feind durch plötzliche, kurze Überfälle, so daß Dareios schließlich sein dezimiertes und ausgehungertes Heer zurückführen mußte.

Es ist, wie schon gesagt, einmal vermutet worden, der Schatz von Vettersfelde in der Mark Brandenburg verdanke seine Anwesenheit dort einer »Ausweichbewegung einer Skythenschar« während der Kämpfe mit Dareios. Nun, das Ausweichen Odins müßte diesen aber dann reichlich weit vom Kampffeld weggeführt

haben, denn sein Zug soll ja zunächst Nordwestrußland zum Ziel gehabt haben, erst dann wandte er sich
»nach Süden« ins »Sachsenland«.

Wie dem auch sein möge, die »Asen« zogen aus
nicht mehr aufzuhellenden Gründen eines Tages aus
– »Männervolk«, wie es heißt, also eine kriegerische
Mannschaft, der sich vielleicht auch einige wehrhafte
Frauen angeschlossen hatten. Es handelt sich zweifellos um einen Kriegszug und nicht um eine Wande-
rung des ganzen Volkes mit Frauen und Kindern auf
Wagen. Die Hauptmasse des Stammes blieb zurück,
von den »Brüdern Odins« regiert. Die ausziehende
Reiterschar besaß sicherlich einen menschlichen Anführer, den der euhemeristische Bericht aber mit dem
Gott in eins setzt. Daß die Götter bei solchen Zügen
ebenso wie im Kampf die Spitze hielten, war allgemei-
ner Glaube. Manchmal wurden sie durch Bilder oder
Gegenstände, einen Fahnenwagen zum Beispiel, symbolisiert. Auch die Feldzeichen selbst verkündeten
ihre Gegenwart. So mag man hier den Stammesgott als
Anführer und Inspirator des Zuges gesehen haben,
auch die ihn umgebende Gefolgschaft seiner »Diar«
(»diar« heißt ja nichts anderes als eben »Götter«) wurde
als anwesend empfunden.

Der Zug ging also zuerst nach Nordwestrußland,
das heißt in jene Länder, die später das Warägerreich
bildeten und die zu Snorris Zeiten »Großschweden«
genannt wurden. Was die Kriegerschar gerade dorthin
trieb und warum sie sich dann südwestwärts wandte,
wußte man, als der Bericht formuliert wurde, wohl
nicht mehr.

Es wird gesagt, daß der »zukunftskundige« Odin »wußte, daß seine Nachkommen im nördlichen Teil der Erde herrschen würden«. Das klingt, als habe man in »Asgard« am Schwarzen Meer über den Norden Europas bereits Bescheid gewußt und habe von vornherein geplant, dort einmal – irgendwann – Fuß zu fassen. Wie könnte das möglich gewesen sein?

Hier sei mit aller Vorsicht eine Hypothese angeführt, die Antwort geben könnte: Als die germanischen Kimbern und Teutonen zuerst im Bereich der Römer auftauchten, wurden sie zunächst abwechselnd für Kelten, dann für Skythen oder für »Keltoskythen« gehalten. Von Germanen wußte man damals im Süden Europas noch nichts. Antike Autoren stellten – als bekannt wurde, woher diese Scharen wirklich kamen – die kühne Hypothese auf, es handle sich bei den Kimbern um die Kimmerier (Kimmerer), die einst durch die Skythen aus dem Schwarzmeergebiet vertrieben, zwar zum größeren Teil nach Kleinasien, zu einem kleineren Teil aber nach Norden auf die »kimbrische Halbinsel« gezogen seien und jetzt zurückkämen. Die Zusammenstellung von Kimbern und Kimmeriern findet sich noch mehrfach bei antiken Autoren. Es besteht eine gewisse Wahrscheinlichkeit, daß die Sache umgekehrt war, daß also die Kimmerier einst aus dem Norden gekommene und am Schwarzen Meer ansässig gewordene Kimbern aus Jütland waren. Es hat ja mehr als einen Auszug aus jener Gegend gegeben. In der Wanderzeit des 13. Jahrhunderts v.Chr. sind zum Beispiel die gleichen drei Stämme (oder vielmehr Teile von ihnen), die später die Römer beunruhigten, die Kimbern, Teutonen und Ambronen, nach Italien ausgewandert und dort seßhaft geworden, als Umbrier (Umbri), Teutonen (Teutani) und Kimmerier (Kimmeri). Auch hier hat also der Name des nördlichsten der Stämme das b verloren, warum nicht ebenso am Schwarzen Meer? Wilfried P.A. Fischer schreibt in einem Aufsatz »Helgoland und der bronzezeitliche Kultbund« (in *Deutschland in Geschichte und Gegenwart* 1990/3): »Es spräche vieles dafür, daß dieser Stamm (die Kimbern) unbemerkt von den Kulturstaaten des östlichen Mittelmeeres an die Nordküste des Schwarzen Meeres zog und dort die iranische Lautverschiebung mitverursachte.«

Als deutlich wurde, daß im keltischen Bereich starke »Einflüsse« aus dem Osten und besonders aus dem Schwarzmeergebiet wirksam geworden waren, haben einige neuere Forscher gemeint, die Einwanderer ins Gebiet der Hallstattkultur könnten der nach Westen gezogene Teil der Kimmerier gewesen sein. Diese These wurde zwar wieder verworfen, scheint aber doch einiges für sich zu haben.

Aber es ist auch höchst wahrscheinlich, daß nicht alle früheren Bewohner des später skythischen oder sauromatischen Gebietes das Land verlassen hatten. Sicher lebten noch einige von ihnen in Gruppen oder einzeln zwischen den Reitern aus dem Osten, hatten sich deren Sitten angepaßt und sich wohl auch mit ihnen vermischt. Es besteht die Möglichkeit, daß diese Nachkommen der Kimmerier (und damit auch der jütländischen Kimbern) noch Überlieferungn über ihre Herkunft von der Nordseeküste hatten. Volksgedächtnis ist lang. Es gibt viele Belege dafür, daß sich gerade Herkunftssagen über viele Jahrhunderte, ja Jahrtausende bei den Nachkommen erhielten. Wäre es nicht möglich, daß Odins »Zukunftsschau« durch solche Erzählungen beeinflußt wurde, daß zwischen den »Asen« am Don noch Kimmerier lebten, die ihre Urheimat im verklärenden Licht der Erinnerung sahen und in den auszugswilligen Jungmännern den Wunsch erweckten, ins ferne Nordland zu ziehen, beziehungsweise sogar zurückzukehren?

Odin und die Seinen gelangten also auf dem Umweg über Rußland zuletzt ins »Sachsenland«. Darunter verstand man im Norden zu Snorris Zeit das ganze heutige Norddeutschland. Da die »Asen« von Nordosten kamen, werden sie wohl zuerst auf die Sueben gestoßen sein. Ohne Zweifel wohnte diese große Völkerschaft in jener Zeit – um 500 v.Chr. – bereits in der Mark Brandenburg und an der mittleren Elbe, da diese Gegenden ihr Stammgebiet darstellten. Tacitus (c 39) sagt, daß die Semnonen, der führende Stamm der Sueben, sich als die ältesten eingesessenen Germanen betrachteten. Die Sueben, die Vorfahren der heutigen Schwaben und Alemannen, waren eine starke, selbstbewußte Völkerschaft, ohne Gegenwehr werden sie sich von den Reitern aus dem Osten sicherlich nicht haben überrennen lassen. Aber die damaligen Bewohner Nord- und Ostdeutschlands waren vermutlich einfache Bauern, weder reich noch gut ausgerüstet, ohne organisiertes Heerwesen. Sie wohnten auf ihren Höfen, spielten keine geschichtli-

Reiterstein von Hornhausen

che Rolle und versahen sich wohl auch keines Überfalles. So haben sie der wilden Schar aus dem Osten kaum lange widerstehen können. Vielleicht wurde auch hier ein Vertrag geschlossen, der den Steppenreitern freie Hand ließ, den Alteingesessenen aber ihre Eigenständigkeit nicht nahm. Möglicherweise gaben schon hier etliche der Eindringlinge ihre nomadische Lebensweise auf und heirateten in den oder jenen Hof ein. Schließlich handelte es sich in der Mehrzahl um junge Männer, die Frauen brauchten. Da die Mütter aber ihre Kinder ihre eigene Sprache lehrten, so blieb die Sprache des Volkes im ganzen erhalten. Sie gewann nur durch den großen Schwung der Eindringlinge, durch die »stärker aufbrechende Welle kriegerischen odrs, die im Volkscharakter deutliche Spuren zurückließ«, jene »Spannungsdichte und Explosionkraft«, die ihr nach der »Lautverschiebung« eigen war. Bis sich diese neue Eigenart der Sprache aber durchgesetzt und verbreitet hatte, brauchte es sicherlich ein paar hundert Jahre.

Daß die Sueben von der Odinsreligion gepackt und mitgerissen wurden, ist deutlich. Sie hatten vordem wie alle Indogermanen den Himmelsgott verehrt und taten das wohl auch fürderhin, denn der »regnator omnium deus«, der laut Tacitus (c 39) im Semnonenhain verehrt wurde, war doch wohl sicherlich nicht Odin, sondern der »deus« beziehungsweise Tius, den sie später Ziu nannten und den sie in der Folgezeit als ihren Kriegsgott einsetzten.

Doch der Gott aus dem Osten, der wilde Reiter und Anführer einer ekstatisch verwandelten Schar, genoß fürderhin bei ihnen eine mit Grauen vermischte Achtung. Es fällt auf, daß der Name des Gottes, der im Schwäbisch-Alemannischen bis heute »Wuote« lautet, die größte Ähnlichkeit mit dem Namen des indoarischen Vāta − *uato aufweist und noch deutlich und unverhüllt das Wort Wut enthält, das für den Charakter des Gottes bestimmend ist. Dies könnte durchaus als ein Zeichen dafür gewertet werden, daß die Sueben als erste »bekehrt« wurden. Hier ist allerdings anzumerken, daß alle indogermanischen Religionen tolerant waren und daß es den Steppenreitern gewiß nicht eingefallen ist, ihren Gott den Ansässigen aufzudrängen. Aber sie werden die mit seiner Verehrung zusammenhängenden Bräuche weitergepflegt haben, und so wurden endlich die östlichen Opferbräuche wie auch das Wilde-Heer-Brauchtum, das sich ja in den alemannischen Gebieten mit besonderer Kraft sowohl in den Sagen als auch in den Fasnetbräuchen erhalten hat, vom ganzen Volk aufgenommen.

Auch der Schatz von Vettersfelde spricht dafür, daß die Steppenreiter zuerst in diesen Gegenden auftauchten. Ob er einem Skythen- oder Sauromatenanführer gehört hat, wird wohl kaum zu bestimmen sein. Die griechischen (»vanischen«) Handwerker von Tanais können die Goldsachen ebenso gut gefertigt haben wie die der anderen Griechenstädte am Schwarzen Meer. Ob er in den ersten Kämpfen von suebischen Kriegern erbeutet und vergraben wurde oder weshalb sonst er zurückblieb, läßt sich nicht mehr enträtseln. Er zeigt aber, daß er den ersten, unmittelbar aus der Schwarzmeer-Gegend gekommenen Reitern gehört haben muß, die noch etwas von jenen Herrlichkeiten mit sich führten, wie sie dann in der neuen Heimat nicht mehr hergestellt werden konnten.

Es ist möglich, daß sich »Odins« weiteren Zügen auch Sueben anschlossen, so daß die ferneren Eroberungen mit vereinten Kräften bewerkstelligt werden konnten. Im Snorri-Bericht steht: »Er (Odin) eroberte Reiche weithin im Sachsenland und setzte dort seine Söhne zum Schutz der Länder ein.« Das dürfte wohl heißen, daß die Führungsschicht der eroberten Stammesgebiete abtreten mußte und durch sauromatisch-maiotische Anführer ersetzt wurde. Mancherorts werden aber wohl auch die Häuptlinge oder »Könige« geblieben sein und Reiterführer als Schwiegersöhne aufgenommen haben, so daß die Adelssippen sich verbanden. Daß all dies ohne große Konflikte vor sich ging, dazu trug sicherlich bei, daß die Eindringlinge ja Indogermanen waren, äußerlich und im Grundcharakter ähnlich den Alteingesessenen, und es war sicher so, daß nicht nur die Neuankömmlinge mit ihrer Beweglichkeit die Einheimischen mitrissen, sondern auch, daß sie sich in manchem den Sitten der Gastgeber anpaßten.

In Westfalen blieb zum Beispiel die Verehrung des Himmelsgottes unter dem sehr alten Namen Irmin und seiner Säule, die wohl schon zur Megalithzeit hier im Westen aus dem uralten Weltenbaum herausstilisiert worden war. Mit den »Asen« kam nun auch die alte Welt*baum*vorstellung wieder aus dem Osten zurück, doch es fällt auf, daß die Asenreligion in Skandinavien mehr Gewicht hatte als bei den Germanenstämmen der (jetzigen) deutschen Gebiete. Dazu mögen die alten Heiligtümer, wie zum Beispiel die uralten Weihestätten Istenberg und Externsteine, beigetragen haben. Das an ihnen geübte Zeremonialbrauchtum blieb sicherlich durch die Zeiten hindurch konstant, hier fanden die fernher gekommenen Götter keinen Einlaß. So verebbte die Welle des Neuen auch fast ganz im äußersten Westen bei den überaus konservativen Friesen. Hier hatte das Inselheiligtum in der Deutschen Bucht noch so viel Gewicht – es hatte dies ja noch bis zur Zeit Karls des Großen, wie die Berichte der christlichen Missionare zeigen –, die Friesen blieben ihrem Rechtsgott Fosite treu und wollten von den neuen Göttern nicht viel wissen.

Nachdem »Odin« nun in den Gebieten des Sachsenlandes Fuß gefaßt hatte, wandte er sich nach Dänemark. Das erste Heiligtum des Gottes wurde in Odensee (Odense) auf Fünen gegründet. Hatte der Gott bei den Sueben Wuote, bei den westlicheren Stämmen Wode oder Wodan (Wodanaz) geheißen, so fiel hier zuerst der W(u)-Vorlaut weg, in ganz Skandinavien wurde der Wutherr nun Oden genannt, Odin erst später im neu besiedelten Island. (Dort wurde das unbetonte e in den Nachsilben stets wie i gesprochen und geschrieben.) Aus »Wuot« wurde im Altnordischen »oðrs«, der Sinn blieb derselbe.

Inwieweit nur religiöse Vorstellungen, Sitten und Bräuche nach Norden wanderten, inwieweit auch die Nachkommen der östlichen Eindringlinge, läßt sich nicht mehr sagen. Jedenfalls wird Skyöld, der legendäre Vorfahr der Dänenkönige, der im uralten Königssitz Leire (Hleithra) auf Seeland residierte, ein Sohn Odins genannt. Später führten die meisten Königsgeschlechter des Nordens ihre Abstammung auf Odin zurück, so wie Könige ja – ein Überrest des alten Sakralkönigtums – immer als Abkömmlinge der Götter galten. Aber vielleicht könnte diese Gotteskindschaft hier bedeuten, daß die Abstammung auf einen Reiteranführer der Einwanderungszeit zurückzuführen wäre. Übrigens heiratete dieser Odinssohn Skyöld laut Snorri-Bericht die Gefion, die als Tochter Odins bezeichnet wird. Dem Chronisten ist entgangen, daß es sich hier auch um eine Geschwisterehe, und zwar bei den Asen, handelte. Aber die Gefiongeschichte gehört sowieso zu den sicherlich von Snorri eingeschobenen Mythen, die mit der Einwanderung Odins nur in sehr losem Zusammenhang stehen.

Nun folgen die recht aufschlußreichen Sätze: »Als aber Odin hörte, daß im Osten bei Gylfi gute Gelegenheit zum Landerwerb sei, zog er dorthin, und er und Gylfi schlossen Frieden untereinander, denn Gylfi fühlte sich nicht kräftig genug zum Widerstand gegen die Asen.« Hier geschah also das, was wohl auch früher bei anderen Stämmen schon vorgekommen war: Der König fühlte sich nicht stark genug, den Eindringlingen zu widerstehen, und ein Vertrag wurde geschlossen. »Odin« zog in Schweden ein. Ferner behauptet der Bericht, daß »Odin seinen Wohnsitz am Mälarsee nahm, an der Stätte, die jetzt (d. h. im 12./13. Jahrhundert n. Chr.) Alt-Sigtuna genannt wurde. Er errichtete dort einen großen Tempel und setzte Blutopfer ein nach der Sitte der Asen.«

Es wurde schon erwähnt (S.31 f.), daß heutige schwedische Wissenschaftler eine Gegend südlich des Vänersees für die früheste und bedeutendste Kultstätte der Odinsreligion halten. Der berühmte Tempel im Norden am Mälarsee müßte danach erst später gegründet worden sein, wir hören ja auch erst in der Wikingerzeit von ihm. Von den »Blutopfern« dort ist bei Adam von Bremen (1070 n. Chr.) die Rede. Da dieser Tempel in den späteren Teilen des Snorri-Berichtes mehrfach vorkommt, so ist die Vermutung gerechtfertigt, daß der Bericht aus dem Umfeld des Heiligtums zu Upsala-Sigtuna kommt, die Überlieferung über die Herkunft Odins von der dortigen Priesterschaft gehütet und nach der Christianisierung, die ja nur zwei Generationen vor Snorri erfolgte, von Gelehrten übernommen und aufgezeichnet wurde.

Die folgenden Abschnitte stammen sicherlich auch aus dieser Tradition, und so weist die Geschichte des vermenschlichten Odin immer wieder auf reale Vorgänge zurück.

Es bleibt noch die Frage, welche der »Diar« wohl mit ihrem Herrn in den Norden eingewandert sein könnten. In den meisten Schriften über die germanische Religion und Götterwelt wird Donar-Thor als der »urgermanischste« aller Götter herausgestellt. Die Forscher, die von einer Einwanderung Odins überzeugt sind, bezeichnen Thor als den seit ältesten Zeiten verehrten, eigentlichen Gott der Germanen.

»Oberster Gott« war er in den Zeiten, über die wir Nachrichten haben, allerdings nie. »Von den Göttern verehren sie am höchsten den Merkur«, sagt schon

Tacitus (Kap. 9). Das ist auch später so geblieben. Thor wurde als Sohn Odins gesehen, er stand – trotz seiner Beliebtheit – immer hinter diesem zurück. Die Orts- und Eigennamenforschung zeigt auf, daß die große Verehrung, die Thor in der Wikinger- und Sagazeit genoß, zuvor nicht bestand. »Klar geht daraus hervor«, sagt Ninck[41], »daß Thor-Donar erst in späterer Zeit (nach der Völkerwanderung) zu größerer Bedeutung gelangt ist und sich zu einem so stark hervortretenden Hauptgott, wie ihn die *Edda* zeigt, vielleicht nur im Norden entwickelt hat.« Es ist zu erkennen, daß er zum beliebten »Freund« und »fulltrui« der Bauern haupt- sächlich in Norwegen und dann in dem von Norwe- gen aus besiedelten Island wurde; in Schweden stand immer Oden an erster Stelle, hier sind die Thorsnamen selten.

Der Schwede P. Hörberg zeichnete 1812 Odin beim Bau von Sigtuna. Alle Details ent- halten klassi- sche oder asia- tische Elemente, lediglich für den Inschriften- stein in der Bildmitte diente ein echter wikingischer Runenstein als Vorlage. (aus: M.D. Wilson, »Kulturen aus dem Norden«)

159

Daß Donar-Thor ebenfalls aus dem Osten stammt und mit Odin einwanderte, ist durchaus wahrscheinlich. Selbstverständlich ist er eine Himmelsgott-Gestalt, doch eine, bei der die Wetter- beziehungsweise Gewittergott-Bedeutung ganz stark hervortritt. Er ist »das verkörperte Frühjahrsgewitter« genannt worden. Darin gleicht er dem keltischen Taranis, dessen Name ja auch »Donner« bedeutet. An einer ursprünglichen Identität der beiden Gestalten kann kaum gezweifelt werden. Als dritter im Bunde erscheint der blitzende und donnernde Perkuna(o)s, ein Himmelsgott, der bei den baltischen und slawischen Völkern auftritt. Der alte Himmelsgott der Indogermanen ist »dios«, der leuchtende Taghimmel. Als solcher bedeutet er das die Erde umfangende All, er ist der zeugende Vater alles Lebendigen. Bei den alten Völkern des Nordostens heißt er sogar geradezu »Universum«. Mit seiner Blitzaxt weckt er die Fruchtbarkeit der Erde. Aber das ist nur eine Seite seines umfangenden Wesens. Er ist auch Hüter des Rechts, Lenker der Sterne und vieles andere mehr, das tritt noch sehr schön in den Zeus-Hymnen der Griechen hervor. Die Beschränkung auf die Gewittereigenschaften und die Zerschmetterung der Riesen, das »Kraftmeiertum« überhaupt, das Thor den Bauern des Nordens so lieb machte, ist die Folge einer bestimmten Sonderentwicklung, die wir ohne weiteres im Osten suchen dürfen. Prof. Oettinger hat ja, wie schon ausgeführt, die fast vollkommene Identität von Thor und Indra festgestellt (auch Hauer nennt Thor und Indra »Zwillinge«). Der gewaltige und gewalttätige Rotbart mit dem schmetternden Hammer

160

(der hier die Blitzaxt ersetzt) dürfte genau wie Odin letzten Endes aus der Welt stammen, in der einst die Indoarier zu Hause waren. Daß er noch Wagenfahrer und sein Gefährt nicht mit Pferden, sondern mit Böcken bespannt ist, deutet auf eine sehr alte Schicht des Entstehens hin. Er könnte also sehr wohl zu den Asen gehören, die mit Odin einwanderten.

Wichtig ist dabei, daß es im späteren Asenkreis der *Edda* tatsächlich noch einen Himmelsgott mit dem alten Dios-Namen gibt, der aber sichtlich durch die neu eingewanderten Götter aus seiner alten Stellung als oberster Gott und Herr des Weltalls verdrängt wurde. Ziu-Tyr muß einmal der Himmelsgott der Nordleute gewesen sein, das zeigt der Name, der in Abwandlung bei allen Völkern indogermanischer Sprache vorkommt und überall den Himmels- und Allgott bezeichnet. Aus der Wortwurzel di (ti) ergeben sich die Namen altindisch Dyaus, griechisch Zeus, lateinisch Ju-piter, germanisch *Tiwaz, *Teiwaz usw., ebenso die Worte für Gott Deus, dios, dia, de und andere. Sie alle bedeuten »heller Himmel«, »Tag« und im übertragenen Sinne »Gott«. Die in der Spätzeit in Skandinavien gebräuchliche Wortform Tyr wird hier auch einfach für Gott gesetzt, zum Beispiel Gautatyr = Gotengott. Die Mehrzahl tivar oder diar bezeichnet die Götter schlechthin.

Bei den Sueben wurde der Gott in der Spätzeit Ziu genannt, was noch heute in der schwäbischen Dialektbezeichnung Zischtig für Dienstag nachklingt. Das Wort Dienstag, niederdeutsch Dingesdach, dagegen kommt von Ding, Thing, der Gerichts- und Ratsversammlung. Ziu-Tyr war noch, wie es der indogermanische Himmelsgott zu allen Zeiten gewesen ist, der Herr des Rechts, des Gerichts und der Thingversammlung. Darum nennen ihn römische Weihesteine am Niederrhein auch Mars thingsus.

Ziu-Tyr wird nicht umsonst von den Römern mit Mars gleichgesetzt. Der durch die neuen Götter von seinem obersten Sitz verdrängte Himmelsgott hat mit der steigenden Kriegs- und Kampfbereitschaft der Germanen die Rolle des Kriegsgottes übernommen. Aus dem ehemaligen Speergott – das uralte Speer – und Todeszeichen wurde im Norden noch Tyr genannt – ist der Schwertgott geworden. In der *Edda* ist er der mutigste der Asen, einhändig, weil er als einziger gewagt hat, dem furchtbaren Fenriswolf seine Hand in den Rachen zu legen.

Heimdall, ebenfalls eine verblassende Gestalt im Asenkreis, dürfte einmal ein Himmels- und Weltstützergott (wie Irmin und Atlas) gewesen sein. Er wird mit der Weltachse, also der Weltsäule, in eins gesetzt, wohnt als Wächter der Götter am Himmel und ist – das ist besonders bedeutsam – Widdergott. Der Widder war in Urzeiten das Begleit- und Verwandlungstier des Gottes, lange, ehe der Stier diese Rolle übernahm, so wie die Schafzucht die älteste Tierhaltung überhaupt darstellt. Auf manchen der altsteinzeitlichen Großskulpturen steht ein Widder mit riesigen Hörnern an der Seite des Schöpfergottes und entläßt wie dieser Menschengesichter aus seinem Atem. Auch Heimdall ist Ahn und Erzeuger des Menschengeschlechtes. Ob uralte Erinnerung des Nordens ihn im Götterkreis

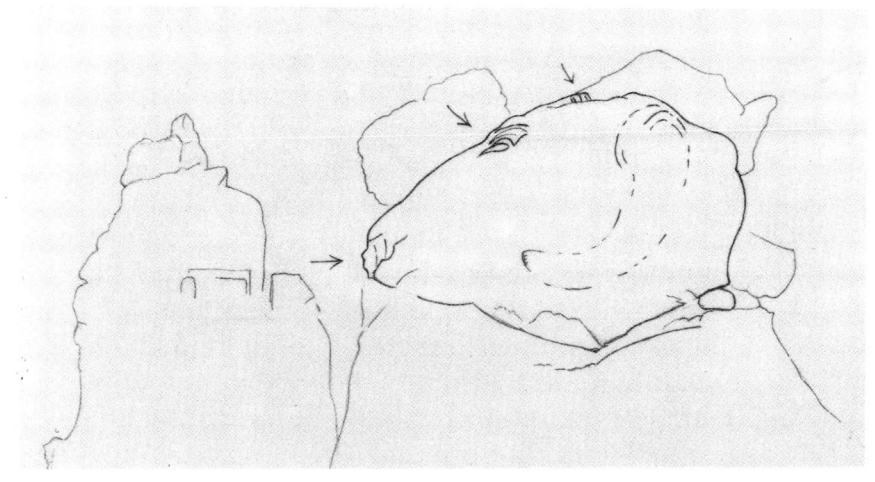

*Der ›Widderkopf‹ (über 3 m lang und etwa 2 m hoch) auf dem nörd-
lichsten Teil des Externsteinfelsens IV (aus: E. Neumann-Gundrum,
»Europas Kultur der Großskulpturen«*

erhielt, ob er irgendwann eingewandert ist, läßt sich allerdings nicht mehr ergründen.

Ebensowenig läßt sich das bei Balder, dem lichtesten aller Asen, feststellen. Er ist ein alter, ebenfalls *ur*alter »Sonnenheld« mit einer wohlerhaltenen Legende, die ihn sowohl mit dem ägyptischen Osiris wie mit den verschiedenen »sterbenden Göttern« Vorderasiens und des Orients verbindet, von denen allen wir heute wissen, daß sie frühen Einwanderungen indogermanischer Seefahrer ihr Dasein verdanken. Der Name Balder (Baldr) bedeutet »Herr« ebenso wie Adonis, Baal, Bel und andere. Er stammt vermutlich von dem indogermanischen Wort Pal beziehungsweise Pallas, das ebenfalls »Herr« bedeutet, ab. Auch diese Gestalt scheint sich aus sehr frühen Zeiten im Norden erhalten zu haben, als Einwanderer ist er nicht zu betrachten, obwohl er zum Sohn Odins gemacht wurde, wie er zweifellos einst als Sohn des Himmelsgottes gesehen worden ist.

Das Gleiche kann für Forseti, der auch in den Asenkreis eingefügt wurde, gesagt werden. Er wurde zum Sohn Balders gemacht, und hier ist eine ehemalige Identität nicht auszuschließen. Die späten Isländer wußten offenbar fast nichts mehr über ihn, in beiden *Edden* wird nur gesagt, daß er in einem glänzenden Saal wohne und Gericht halte beziehungsweise allen Streit schlichte. Es kann wohl kein Zweifel daran bestehen, daß er mit dem friesischen Rechtsgott Fosite identisch ist, der auf Fositesland einen prächtigen, glänzenden Tempel besaß. Das r kam meines Ermessens verhältnismäßig spät in den

Namen, da man diesen Gott als »Vorsitzer« des Gerichtes sah.

Über Fosite-Poside wurde hier bereits mehrfach gesprochen. Er war seit der Steinzeit Herr der »Heiligen Insel« und die herrschende Gestalt im Norden der Bronzezeit. Später allerdings war sein Herrschaftsbereich auf den Nordwesten (d. h. auf sein Kerngebiet, die ehemaligen Sitze der Ingävonen) beschränkt. Doch bewirkte vermutlich der große Einfluß, den sein Heiligtum immer noch ausübte, daß die Odinsreligion im Nordwesten Europas nicht so viel Macht gewann wie zum Beispiel in Skandinavien. Der Beiname Ing (Jung, Sohn, Nachkomme), den später Freyr führte, dürfte schon ihm eigen gewesen sein. Darum nannte sich die Kultgemeinschaft der Nordsee-Stämme, wie Tacitus berichtet, Ingävonen. Sein Kult ist wohl schon in der Bronzezeit nach Schweden gewandert, und dort dürfte dann der mit Odin neu einziehende junge Vanengott Freyr mit dem »Ing« in eins gesetzt worden sein.

Über Frigga und Freyja ist schon gesprochen worden. Die übrigen Götter und Göttinnen des Asenkreises erscheinen wenig profiliert. Es läßt sich nicht entscheiden, wann und wo sie entstanden sind und wie ihr Weg verlief. Der boshafte Feuergeist Loki hat Verwandte sowohl in Griechenland als auch in Indien und Persien. Aber seine »mephistophelische« Eigenart hat sich wohl erst ziemlich spät ausgebildet.

So läßt sich eigentlich außer von Wodan-Odin und Donar-Thor, vielleicht noch von Frigga (und von den drei heimgekehrten Vanengöttern) mit einiger Vor-

Der in der zweiten Hälfte des 4. Jahrhundert v. Chr. entstandene berühmte Goldbecher (13 cm hoch, 328 g schwer) aus dem Kul-Oba-Kurgan, auf dessen Relieffries skythische Männer dargestellt sind: drei Zweiergruppen, eine Einzelfigur, ein Bogenschütze.

166

sicht vermuten, daß sie aus dem Bereich der östlichen Reitervölker nach dem nördlichen Europa gekommen sein könnten. Aber daß sich unter den Göttern der Spätzeit in den *Edden* Doppel- und Mehrfach-Gestalten finden, das zeigt jedenfalls an, daß Einwanderungen geschehen sein müssen.

Schlußwort

Alle in dieser Schrift zusammengestellten Tatsachen weisen, wie ich meine, darauf hin, daß der Snorri-Bericht über die Herkunft Odins aus dem Dongebiet es verdient, ernster genommen zu werden, als dies bisher geschehen ist.

Hier und hier allein liegt die Lösung der Fragen, die die absolut eigenartige, im westindogermanischen Bereich vor der Eisenzeit ganz unbekannte Gestalt des »Wutherren« immer aufgegeben hat.

Er kam aus einer andersartigen Welt, das ist sicher, und dennoch ist er zum prominentesten Vertreter des Germanentums überhaupt geworden. Die Heldensagen, die ganze Literatur der Völkerwanderungzeit wie des mittelalterlichen Island sind ohne ihn nicht denkbar. Im Bauernglauben der alemannischen Gebiete hat er noch bis in die jüngste Zeit hinein das Wilde Heer angeführt. Alle Versuche, die Bedeutung anderer germanischer Götter, vor allem die Donar-Thors, gegen die seine auszuspielen, mußten scheitern. Diese Göttergestalt ist sichtlich mit ihrer neuen Heimat untrennbar verwachsen, sie hat ihn und er hat sie geprägt.

Odin kam in den Norden Europas in einer Zeit, in der dieser, durch mehrfache Naturkatastrophen schwer geschädigt, verhältnismäßig dünn bevölkert war und diese Bevölkerung ohne Anspruch auf geschichtliche Bedeutung in bäuerlicher Einfachheit dahinlebte. Der Anstoß aus dem Osten aber brachte Bewegung in diese ruhige Abgeschiedenheit, er weckte die schlummernde Aktivität der ehemaligen Weltumsegler, Koloniengründer und »Kulturträger in alle Welt« wieder auf, mehr und mehr wurden die Leute des Nordens nun wieder kämpferische Auswanderer, die letztlich durch ihre großen und weiten Züge zu Befruchtern des sterbenden Südens und Gründern eines neuen Europas, eines weltgestaltenden »Abendlandes« wurden und sich allmählich zu höchster Kulturleistung emporrangen.

Daß die Verschmelzung der Eindringlinge aus dem Osten mit den Leuten des Nordens so nahtlos gelang, lag daran, daß jene trotz ihres andersartigen Entwicklungsstandes und der ungezähmten Wildheit ihres Lebensgefühls doch von gleicher Art und Herkunft waren, Indogermanen, in Aussehen und innerstem Wesen nicht verschieden von den Urverwandten im Norden und Nordwesten Europas. Wären sie das nicht gewesen, so hätte Tacitus nicht sagen können (in Kapitel 4 der *Germania*), daß die Bevölkerung Germaniens zu seiner Zeit »durch keine Ehen mit fremden Stämmen verfälscht, ein eigenartiges, reines und nur sich selbst gleiches Volk« darstelle und das »körperliche Erscheinungsbild trotz der großen Zahl der Menschen dasselbe bei allen« sei, »trotzscharfe blaue Augen, rötlich-blonde Haare, kraftvolle Körper«. Das gleiche konnte eben auch für die Skythen und Sauromaten und wohl auch für die Maioten des 6. Jahrhunderts v. Chr. gelten, die noch weder mit Mongolen noch mit anderen Völkern dunklerer Farben in Berührung gekommen waren. Man betrachte nur die Darstellungen skythischer Krieger auf dem Goldbecher aus dem Kul-Oba-Kurgan oder der vergoldeten Silberschale aus dem Gajmanova moglia-Grabhügel. Man glaubt, Germanen vor sich zu sehen, zumal das Gold der Haare wirkungsvoll vom Silber der Gesichter und Hände absticht. Noch von den Nachkommen der Sauromaten, den Sarmaten, haben die Römer gesagt, daß sie allesamt blond seien.

So konnte, trotz vieler Verschiedenheiten, ein einheitliches Volk aus den beiden Komponenten Osten und Nordwesten und der östliche Gott Wuote-Wodan-Odin zum Beweger der Nordwelt werden. Östliche Stoßkraft und östlicher Hang zur Mystik einten sich mit der staatsbildenden, organisatorischen und denkerischen Begabung der ehemaligen Megalithiker. Etwas von der Tiefe indogermanischen Denkens, wie es sich in den *Veden* ausgeprägt hat, verband sich mit der Fähigkeit zur Logik, die sich zum Beispiel in den Isländer-Sagas so verblüffend zeigt. So konnten die Völker germanischer Zunge – und nicht nur das deutsche – zu Völkern von Erfindern, Dichtern und Denkern, von Romantikern und Träumern, aber auch von scharf rechnenden Handelsleuten, Eroberern und Kolonisatoren werden. Sollten wir sagen: An all dem ist Odin schuld? Sein Aufbruch vom Gestade des Schwarzen Meeres und sein und seiner »Asen« Einbruch ins »Sachsenland« dürfte jedenfalls etwas in

Gang gesetzt haben, was weltgeschichtlich und sogar weltverändernd fortgewirkt hat bis zum heutigen Tag.

Anmerkungen

1. J.W. Hauer, *Urkunden und Gestalten der germanisch-deutschen Glaubensgeschichte,* Stuttgart 1940, S. 149

2. M. Ninck, *Wodan und germanischer Schicksalsglaube,* Jena 1935, S. 5

3. J.W. Hauer, aaO. (Anm. 1), S. 130

4. Siehe hierzu F. Hallmann, »Die Urheimat der Goten«, in *Deutschland in Geschichte und Gegenwart,* 1989/3 u.4

5. M. W. Güntert, *Altgermanischer Glaube,* Heidelberg 1937, S. 403ff

6. K. A. Eckhardt, *Der Wanenkrieg,* Bonn 1940

7. J. W. Hauer, aaO. (Anm. 1), S.133ff

8. J. Spanuth, *Die Atlanter,* Tübingen 1976, S. 221 ff.

9. Siehe B. Verhagen, *Götter am Morgenhimmel,* Tübingen 1983

10. E. Graf Oxenstierna, *Die Nordgermanen,* Stuttgart 1957

11. E. Wahle, *Deutsche Vorzeit,* Leipzig 1932

12. *Das neue Bild der Vorgeschichte,* Stuttgart 1948

13. M. Ninck, aaO. (Anm. 2), S. 108

14. Ebenda, S. 111

15. Ebenda, S. 86

16. Ebenda, S. 120

17. J.W. Hauer, aaO. (Anm. 1), S. 38

18. R. Rolle, *Die Welt der Skythen,* Luzern–Frankfurt/M. 1980, S. 102 f.

19. F. Niedner, *Thule II,* S. 194

20. Siehe Otto Höfler, *Kultische Geheimbünde der Germanen,* 1934, Bd. 1, S. 22 ff., 28 ff. u. 345 ff

21. M. Ninck, aaO. (Anm. 2), S. 71

22. *Edda I*, Übersetzung v. F. Genzmer, S. 185 f.

23. Siehe B. Verhagen, *Götter am Morgenhimmel*, aaO. (Anm. 9), S. 216 ff.

24. R. Pörtner, *Die Wikingersaga*, Düsseldorf–Wien 1971, S. 194

25. M. Ninck, aaO. (Anm. 2), S. 115 f.

26. N. Oettinger, »Isländische Eda und indivische Veden. Ein mythologischer Vergleich«, in *Große Werke der Literatur*, Augsburg 1990, S. 10

27. J.W. Hauer, aaO. (Anm. 1), S. 209

28. Ebenda, S. 201

29. F. Genzmer II, S. 89

30. J.W. Hauer, aaO. (Anm. 1), S. 209

31. Gedruckt in *Große Werke der Literatur*, aaO. (Anm. 26), S. 9

32. J.W. Hauer, aaO. (Anm. 1), S. 198

33. Ebenda, S. 158

34. Ebenda, S. 155 f.

35. Ebenda, S. 158

36. Ebenda, S. 150

37. Ebenda, S. 235

38) R. Rolle, aaO. (Anm. 18), S. 98

39. Herodot IV, S. 108 f.

40. J.W. Hauer, aaO. (Anm. 1), S. 132

41. M. Ninck, aaO. (Anm. 2), S. 67

Literaturverzeichnis

Biel J., *Der Keltenfürst von Hochdorf*, Stuttgart 1985
Edda, übertragen von Franz Genzmer, Jena 1933
Fischer, W. P. A., *Alteuropa aus neuer Sicht*, Münster 1986
–, »Helgoland und der altbronzezeitliche Kultbund«, in
  Deutschland in Geschichte und Gegenwart, 1990/3
Gold der Skythen aus der Leningrader Eremitage, Katalog
  der Ausstellung der staatlichen Antikensammlungen am
  Königsplatz in München 1984
Hallman,F., »Die Urheimat der Goten«, in Deutschland in
  Deutschland in Geschichte und Gegenwart, 1986 3/4
Hauer J. W., *Urkungen und Gestalten der germanisch-
  deutschen Glaubensgeschichte*, Stuttgart 1940
Herm G., *Die Kelten*, Reinbeck bei Hamburg 1977
Herodot, Buch IV, Tuskulum-Bücherei, München ²1977
Jettmar K., *Die frühen Steppenvölker*, Baden-Baden 1980
Neumann-Gundrum E., *Europas Kultur der Großskulptu-
  ren*, Gießen 1981
Ninck M., *Wodan und germanischer Schicksalsglaube*,
  Jena 1935
–, *Götter und Jenseitsglaube der Germanen*, Jena 1937
Noelle, H., *Die Kelten und ihre Stadt Manching*, Pfaffen-
  hofen 1974
Oettinger, N., »Isländische Edda und indische Veden. Ein
  mythologischer Vergleich«, in *Große Werke der Litera-
  tur*. Eine Ringvorlesung an der Universität Augsburg
  1988/89, Augsburg 1990

174

Oxenstierna, E. Graf, *Die Nordgermanen*, Stuttgart 1957

Paret, O., *Das neue Bild der Vorgeschichte*, Stuttgart 1948

Pörtner, R., *Die Wikingersaga*, Düsseldorf–Wien 1971

Rolle, R., *Die Welt der Skythen*, Luzern–Frankfurt/M. 1980

Saucken, O. H. v., »Poseidon als germanischer Gott« in *Deutscher Roland*, H 12/1929

Saxo grammaticus, *Dänische Geschichte*, übertr. von P. Hermann, Leipzig 1901

Spanuth J., *Atlantis. Heimat, Reich und Schicksal der Germanen*, Tübingen 1965

–, *Die Atlanter, Volk aus dem Bernsteinland*, Tübingen 1976

–, *Die Philister, das unbekannte Volk*, Osnabrück 1980

–, *Die Phönizier. Ein Nordmeervolk im Libanon*, Osnabrück 1985

–, *Die Rückkehr der Herakliden*, Tübingen 1989

Thule. Altnordische Dichtung und Prosa Bd. 1, 2, 14, 16, 17, 18, 20, 22. Neuauflage 1969-1985

Verhagen B., *Götter am Morgenhimmel, Die Religion der nordeuropäischen Bronzezeit*, Tübingen 1983

Wahle, E., *Deutsche Vorzeit*, Leipzig 1932–50

Werner, R., »Geschichten des Donau-Schwarzmeerraumes im Altertum«, in *Abriß der Geschichte antiker Randkulturen*, München 1961

Wolters, F. und Petersen C., *Die Heldensagen der germanischen Frühzeit*, Breslau 1922

Wohlzogen, H.v., *Die Edda*, 1876

Bildnachweis

Magnus Magnusson/Werner Forman, *Die Wikinger. Letzte Boten der germanischen Welt*, Atlantis Verlag, Luzern–Hersching 1986: S. 15, 75, 77, 85

David M. Wilson, *Kulturen im Norden. Die Welt der Germanen, Kelten und Slawen 400–1100 n. Chr.*, Verlag C.H. Beck, München 1980: S. 31, 107, 115, 159

Eric Graf Oxenstierna, *Die Nordgermanen*, J. G. Cotta'sche Buchhandlung Nachfolger, Stuttgart³1962: S. 32

Jürgen Spanuth, *Die Atlanter, Volk aus dem Bernsteinland*, Grabert-Verlag, Tübingen ⁵1989: S. 42

Hans Peter Uenze, *Prähistorische Staatssammlung. Vorgeschichte II. Kelten*, Süddeutscher Verlag, München 1978: S. 52, 53

Jörg Bibel, *Der Keltenfürst von Hochdorf*, Konrad Theiss Verlag, Stuttgart 1985: S. 58

Renate Rolle, *Die Welt der Skythen. Stutenmelker und Pferdebogner. Ein antikes Volk in neuer Sicht*, Verlag C.TJ. Bucher, Luzern–Frankfurt/M. 1980: S. 73, 136

Gold der Skythen aus der Leningrader Eremitage, Ausstellung der Staatlichen Antikensammlung am Königsplatz in München, 19. September–9. Dezember 1984, Staatliche Antikensammlung und Glyptothek, München 1984: S. 80, 124, 166

Elisabeth Neumann-Gundrum, *Europas Kultur der Großkulturen. Urbilder/Urwissen einer europäischen Geistesstruktur*, Gießener Universitätsdruckerei, Gießen 1981: S. 114, 163